# COLLECTION POULET-MALASSIS

---

# BIBLIOGRAPHIE ANECDOTIQUE

*Tiré à 100 Exemplaires numérotés*

N°

MAMERS. — Typ. G. FLEURY et A. DANGIN. — 1885.

# BIBLIOGRAPHIE

## RAISONNÉE ET ANECDOTIQUE

## DES LIVRES

### ÉDITÉS PAR AUGUSTE POULET-MALASSIS

### (1853-1862)

**PARIS**

ROUQUETTE, LIBRAIRE

57, Passage Choiseul, 57,

1885

*Deux publications antérieures ont fait con-
naître en Auguste Poulet-Malassis l'écrivain et
l'homme (1) ; nous venons aujourd'hui présenter
l'éditeur, et, pour cela, nous ne saurions, il
nous semble, mieux faire que de donner la liste
des volumes portant sa marque.*

*L'on peut aisément diviser en trois périodes la
carrière de l'éditeur alençonnais. La première,
— presque un prologue, — est antérieure à son
installation à Paris. C'est en 1853, après dix ans
de tâtonnements typographiques et littéraires, que
Poulet-Malassis comprit qu'il avait trouvé sa voie.
Il le sentit en voyant sortir de ses presses pro-
vinciales, pour des amis parisiens, d'élégantes
plaquettes, d'une parfaite exécution. Ces impressions portèrent d'abord le nom de la
V<sup>e</sup> Poulet-Malassis, que remplaça bientôt la
marque A. Poulet-Malassis et E. de Broise. Ce*

(1) Auguste Poulet-Malassis. Bibliographie descriptive
et anecdotique des ouvrages écrits et publiés par lui, par
un bibliophile ornais. *Paris, Rouquette,* 1883, in-8, v-46 p.
— Auguste Poulet-Malassis, par le comte G. de Contades.
Article biographique publié dans *le Livre* (N° de mars,
1884, p. 75-86) avec un portrait à l'eau forte de Gaujean.

*fut sous cette marque que l'on donna les* Odes
funambulesques, *de Théodore de Banville, qui
opérèrent une véritable révolution dans le monde
typographique et méritèrent les applaudissements
des bibliophiles les plus exigeants.*

*Après cet éclatant succès, l'heure sembla venue
de se rendre à Paris, et l'on y ouvrit boutique
4, rue de Buci. La librairie fut ensuite transpor-
tée 9, rue des Beaux-Arts. A cette période de la
carrière de Poulet-Malassis se rattachent assuré-
ment ses productions les meilleures. Les maîtres
les plus recherchés, Théophile Gautier, Théodore
de Banville, Monselet, Champfleury, et surtout le
grand Baudelaire, l'avaient choisi et reconnu
pour leur éditeur attitré. Les réimpressions
curieuses et hardies se joignaient en outre chez
Poulet-Malassis aux productions nouvelles, et
tout cela avec de l'éclat et du scandale : procès
pour des vers avec les* Fleurs du Mal ; *procès pour
de la prose avec les* Mémoires de Lauzun.

*Tout allait donc à merveille lorsque l'on fut
s'installer rue Richelieu, dans une nouvelle
boutique, décorée comme un temple par des
artistes amis. L'on y oublia par malheur trop
vite que le temple n'était après tout qu'un
magasin, où il ne fallait point sacrifier quoti-
diennement la recette à la fantaisie. Le nom de
E. de Broise, — qui représentait dans l'associa-
tion des deux Alençonnais la sagesse commer-*

*ciale; — disparut alors, mauvais signe, des couvertures. Là commence la troisième période — l'épilogue, si vous voulez, — de cette histoire de la grandeur et de la décadence d'une librairie. Avec Poulet-Malassis l'artiste était bien resté, mais il allait trop souvent s'égarer en Bohême et, même sur l'art ce beau désordre n'avait point un heureux effet. Les volumes portant le fleuron au caducée cessèrent alors de sortir de l'imprimerie traditionnelle de la place d'Armes. L'on s'adressa d'abord pour la remplacer à celle de Poupart-Davyl, qui ne la valait pas; puis, comme il fallait pousser plus loin l'économie, bientôt les titres seuls furent imprimés rue du Bac et placés en tête de pages indignes de la réputation de Poulet-Malassis, fournies par je ne sais quelles officines de province ou de banlieue.*

*Un désastre semblait imminent. L'on tenta vainement de le conjurer par des combinaisons tardives, par la publication simultanée de collections nouvelles. Cette publication fut bientôt interrompue, la librairie fut fermée, et l'éditeur ruiné dut prendre en hâte le chemin de l'étranger.*

*La mauvaise fortune d'Auguste Poulet-Malassis parut un instant s'attacher à ses livres, et il se produisit une sorte de réaction contre la faveur avec laquelle ils avaient été accueillis. L'engouement, exagéré peut-être, des premiers* moments, fit place pour quelque temps à une indifférence qui se transforma un instant en véritable injustice. A part quelques livres de maitres, dont le prix ne baissa point, des volumes qui se vendent aujourd'hui fort cher furent donnés pour rien par le libraire Pincebourde *(1)*, le successeur de Poulet-Malassis. Ils vinrent même bientôt s'abattre, les pages maculées et le dos brisé, dans les boîtes des bouquinistes, où Poulet-Malassis, les retrouvant à son retour de Belgique, put douter un instant de l'avenir de ses chers livres.

Enfin, et définitivement, croyons-nous, ils revinrent à la mode. D'abord, beaucoup d'exemplaires ayant été détruits, ils étaient devenus plus rares ; puis le regain de succès qu'ils obtinrent ne dépassa point alors la juste mesure. Les éditions Poulet-Malassis ne furent cette fois cotées ni trop cher ni trop bon marché, mais bien prises pour ce qu'elles valaient. Elles n'ont point, depuis ce temps, cessé de l'être et comme, au point de vue typographique, elles valent toujours quelque chose, plusieurs amateurs les recherchent aujourd'hui avidement.

(1) V. *Petite Revue,* T. V, p. 35 : Livres d'occasion en nombre provenant du fonds de la librairie Poulet-Malassis, parmi lesquels *Honoré de Balzac,* de Théophile Gautier, *Les Tréteaux* de Charles Monselet, *Sophie Arnould* des frères de Goncourt, *Les Paradis artificiels* de Charles Baudelaire, avec leurs eaux fortes, sont laissés à 1 franc.

*C'est la pensée de faciliter leurs recherches qui nous a fait dresser la liste qui suit. Pour ne point nous borner à une nomenclature trop aride, nous avons joint à certains articles de cette bibliographie quelques lignes de commentaire ou un bref compte rendu de l'ouvrage. Ces courtes notes, empruntées pour la plupart à la* Revue anecdotique, *le moniteur de la librairie Poulet-Malassis, sont dues souvent à des maîtres anonymes. Elles sont parfois trop élogieuses, et, laissant deviner un échange de politesses entre les fidèles d'un même temple, ne déguisent point toujours suffisamment la réclame.*

*Puisse notre travail inspirer à quelque bibliophile le désir de posséder la collection complète des volumes édités par Auguste Poulet-Malassis! Plusieurs d'entre eux en sont, il est vrai, à peine dignes. Néanmoins heureux serait l'amateur qui, depuis les in-8 alençonnais jusqu'aux petits in-12 de la* Bibliothèque singulière, *pourrait les aligner tous sur les rayons de sa bibliothèque et placer à leur tête ces trois livres modèles, aux titres artistiques, scandaleux ou tintamaresques :* LES ODES FUNAMBULESQUES, FLEURS DU MAL, EMAUX ET CAMÉES.

# IMPRESSIONS ALENÇONNAISES

## (1853-1857)

# IMPRESSIONS ALENÇONNAISES

## ( 1 8 5 3 - 1 8 5 7 )

*Alençon, M^{me} V^e Poulet-Malassis ;*
*Alençon, A. Poulet-Malassis et E. de Broise.*

----

ASSELINEAU ( Charles ).
— Neufgermain, le poète hétéroclite ; Marc de
Maillé, le poète crotté. 1854, in-8, 18 p.

Publié pour la première fois dans *le Musée des Familles,*
( 1853, n° 10 ).

— Les Tracas de Paris en 1660, par François
Colletet. 1854, in-18, 38 p.

Publié pour la première fois dans *le Monde littéraire*
( 3 et 10 avril 1853 ) ; réimprimé dans le *Journal d'Alençon*
( 1854 ).

— André Boulle, ébéniste de Louis XIV. 1854,
in-8, 13 p.

Publié pour la première fois dans *le Monde littéraire*
( 20 mars 1853 ) ; réimprimé dans le *Journal d'Alençon.*

— Furetière. 1855, in-8, 22 p.

Notice publiée en tête de la nouvelle édition du *Roman bourgeois* de la collection elzévirienne de Paul Jannet.

— Histoire du Sonnet pour servir à l'histoire de la poésie française. 1855, in-8, 27 p.
— Les Albums et les Autographes. 1855, in-8, 35 p.

Publié pour la première fois dans *la Presse littéraire* (1853, n° 78).

— Notice sur Lazare Bruandet, peintre de l'Ecole Française (1753-1803). 1855, in-8, 30 p.

Mis en vente à Paris, chez *Dumoulin, libraire*.

Il existe pour ces sept opuscules, précédés de *Jean de Schelandre (Paris, E. Thunot, 1854)*, un titre collectif, imprimé à une dizaine d'exemplaires, ainsi conçu : Notes d'histoire littéraire et artistique par Charles Asselineau, (suit la nomenclature). *Alençon, Poulet-Malassis et de Broise*, 1855.

— André Boulle, ébéniste de Louis XIV, seconde édition. 1855, petit in-8, 16 p.

Mis en vente à Paris chez *Dumoulin*, dont le nom ne se trouve que sur le titre extérieur.

— Histoire du sonnet pour servir à l'histoire de la poésie française, seconde édition. 1856, petit in-8, 43 p.
— Notice sur Jean de Schelandre, poète verdunois (1585-1635), seconde édition, suivie de *Poésies* réimprimées pour la première fois d'après l'édition unique de 1608. 1856, petit in-8, 72 p. (1).

_____

(1) V. *Notice bibliographique des écrits de Charles Asselineau*, par M. Maurice Tourneux, p. 20.

BABOU ( HIPPOLYTE ).
— Mémoires de M^me de la Guette. Bibliothèque
elzévirienne. 1856, in-12, 16 p.

BAUDELAIRE (-CHARLES ).
— Philosophie de l'ameublement, idéal d'une
chambre américaine, traduction d'Edgar Poë
par Charles Beaudelaire. 1854, in-8 carré, 16 p.
Tiré à 20 exemplaires, détruits, à part deux, à la
requête de Charles Baudelaire, mécontent de voir sur le
titre son nom écrit avec un e. La *Philosophie de l'ameublement* avait d'abord paru dans *le Monde littéraire* ( n° 2,
27 mars 1853 ).

CLOGENSON ( S. ).
— M^me de Villedieu. 1855, in-8, 53 p.
Extrait de l'*Athenœum Français* ( 1-6 août 1853 ).

— J.-J. Grandville. 1853, in-8, 39 p.
Extrait de l'*Athenœum Français* ( 12 mars 1853 ).

DAVID d'Angers.
— Lettre sur Thorwaldsen. 1856, in-12, 15 p.
Lettre publiée pour la première fois dans l'*Almanach
du mois,* en 1844.

LARCHEY ( LORÉDAN ).
— Un mois à Constantinople. — Janvier 1855.
1856, in-12, 63 p.
Cette étude avait paru pour la première fois dans la
*Bibliothèque universelle de Genève* ( mars 1855 ).

MADELÈNE ( HENRY DE LA ).
— Le comte Gaston de Raousset-Boulbon, sa vie
et ses aventures ( d'après ses papiers et sa
correspondance ). 1856, in-12, 162 p.

# COLLECTION POULET-MALASSIS

## (1857-1862)

# COLLECTION POULET-MALASSIS

## ( 1 8 5 7 - 1 8 6 2 )

*Poulet-Malassis et de Broise, libraires-éditeurs, 4, rue de Buci ; 9, rue des Beaux-Arts ; 97, rue Richelieu et passage Mirès ; Librairie Poulet-Malassis, 97, rue Richelieu.*

———

ALLAUX ( J.-E. ).
— Visions d'amour. 1859, in-32, 80 p. *[Argenteuil, imp. Worms]* (1).

ASSELINEAU ( CHARLES ).
— La Double vie, nouvelles. 1857, in-12, xxv-285 p.

Avec un frontispice sur bois, dessiné par Louis Duveau, gravé par Adrien Lavieille.

— Mon cousin Don Quixote, physionomie d'un philhellène. 1858, in-8, 27 p.

Tirage à part, avec changement de pagination et de format, d'un récit de *la Double vie.*

(1) Les volumes de la collection Poulet-Malassis ayant presque tous été imprimés chez A. Poulet-Malassis et E. de Broise, Place d'Armes, à Alençon, nous ne donnerons, dans les articles de cette bibliographie, le nom de l'imprimeur que dans un cas contraire.

— Le Paradis des gens de lettres , selon ce qui a été vu et entendu par Charles Asselineau, l'an du seigneur M D CCC LXI. 1862 *(imp. Poupart-Davyl)*, in-24, 72 p.

Avec un frontispice à l'eau-forte : *Ch. A. inv., B. sc.* L'idée première et même le croquis de cette eau-forte, gravée par Bracquemond, sont de Ch. Asselineau.

Le verso de la couverture indique comme *sous presse* : *Petits mémoires de littérature,* 2 vol. et *Bibliographie romantique,* 1 volume illustré. Ces ouvrages ont paru postérieurement à la fermeture de la librairie Poulet-Malassis.

Le *Paradis des Gens de lettres* fut un des derniers volumes publiés chez l'éditeur alençonnais. Par une singulière coïncidence, Asselineau, dans sa dédicace, rappelle les brillants débuts d'Auguste Poulet-Malassis : « Vous souvient-il, mon cher ami, de la gracieuse année 1856?... .... Nous avions enfin trouvé un éditeur selon notre cœur, un homme jeune, brave, libéral, épris du Beau, et très heureux de s'associer à notre fortune littéraire. »

V. Diderot: *Le Neveu de Rameau.*—Furetière: *Recueils de Factums.*

ASTRUC ( ZACHARIE ).
— Les 14 stations du Salon (1859 ), suivies d'un récit douloureux. 1859, in-18 jésus, VIII-408 p. ( *imp. Walder* )

Préface de George Sand.

— Le Salon intime, exposition au boulevard des Italiens, avec une préface extraordinaire. 1860, in-18 jésus, 108 p. ( *imp. Jouaust.* )

Avec une eau-forte de Carolus Durand.

AUDELANGE ( L. D'HAUTECOURT, baron d' ).
— Le travail de Pénélope. 1861, in-18 jésus, 296 p. ( *imp. Jouaust.* )

— Il faut des époux assortis. (Edgard-Bernarde).
1862, in-18 jésus, 286 p. (*imp. Poupart-Davyl
et C*$^{ie}$.)

BABOU (HIPPOLYTE).
— La Vérité sur le cas de M. Champfleury. 1857,
in-18, 32 p.

Etude publiée dans la *Revue française*. Champfleury
l'avait demandée à Babou pour la placer en tête de ses
œuvres complètes.

— Les Payens innocents, nouvelles. 1858, in-12.
xxv-338 p.
— Lettres satiriques et critiques. 1861, in-12,
iii-386 p.

Une des lettres de ce volume, la *Littérature et les Arts
latéraux*, est adressée à Poulet-Malassis. Une autre, qui
a pour titre : *la Critique bouffe* (p. 167-189) contient une
pittoresque description d'Alençon. Elle a été écrite non
loin de « la Place d'Armes où gémissent, écrit l'auteur,
les presses de notre éditeur, Poulet-Malassis. »

V. De Brosses : *Lettres écrites d'Italie.*

BANVILLE (THÉODORE DE).
— Odes funambulesques. *Alençon, Poulet-
Malassis et de Broise*, 1857, in-12, xx (y com-
pris *la Corde roide*, 4 p. paginées en chiffres
romains) — 244 p.

Avec un frontispice gravé à l'eau-forte par Bracquemond,
d'après un dessin de Charles Voillemot, titre rouge et
noir, fleurons, filets et lettres majuscules tirés en rouge,
couverture illustrée.

Certains exemplaires possèdent (p. 41) le carton de *la
Chanson de Catinette*, remplacée dans les autres par une
méditation poétique et littéraire.

2

La *Revue anecdotique* (T. IV, p. 90) salue en ces termes
l'apparition des *Odes funambulesques :*

« La Fantaisie vient d'exécuter son grand écart.
Aujourd'hui paraissent les *Odes funambulesques* de
M. Théodore de Banville.

« Destinées à un certain monde, ces Odes, véritable-
ment funambulesques, donneraient le vertige au bourgeois imprudent qui essayerait d'en déchiffrer trois lignes.
C'est le triomphe des rimes les plus implacables et des
plus féroces personnalités.

« Pour que le tour de force fût complet, il fallait un vrai
bibliopole, et M. Poulet-Malassis est arrivé avec une
impression en deux couleurs, un papier plus que vergé,
des caractères spéciaux, des cartouches dessinés par
Thérond. Bref, le livre de M. de Banville est un bijou qui,
comme tous les objets de haute fantaisie, plaira beaucoup
à ceux-ci, comme il pourra déplaire à ceux-là, mais qui
aura toujours son prix. »

— Poésies complètes (les Cariatides, les Stalac-
tites, Odelettes, le Sang de la Coupe, la Malé-
diction de Vénus, etc.). 1857, in-18 jésus, IV-
438 p.

Avec une eau-forte-titre dessinée et gravée par Louis
Duveau.

— Paris et le nouveau Louvre, ode. Juin 1857,
in-12, 32 p.

Imprimé entièrement en italiques.

— Esquisses parisiennes, scènes de la vie. 1859,
in-12, 407 p.

« Galerie étrange et charmante, où ceux qui ont vécu de
la vie de la grande ville retrouveront plus d'un type autrefois connu. En se faisant pour un moment prosateur,
l'auteur des *Odes funambulesques* a su allier par un rare
privilège tout l'exquis du sentiment poétique au tact
pittoresque de l'observation. » *(Rev. An.,* T. VIII p. 214.)

— La mer de Nice. Lettres à un ami. 1861, in-12, 136 p. ( *imp. Raçon et Cᵢᵉ.* )

— Améthystes, nouvelles odelettes amoureuses, composées sur des rythmes de Ronsard. 1862, in-24, 48 p. ( *imp. Poupart-Davyl et Cᵢᵉ.* )

Charmant petit volume, imprimé en deux couleurs. A la fin ( p. 43-47 ) se trouve la *Liste complète des ouvrages de Théodore de Banville.*

— A Figaro, salon de coiffure. Figaro barbier à ses clients et à tout le monde. *Alençon, Poulet-Malassis et de Broise. ( S. d. )*

Pièce de toute rareté. C'est le prospectus d'un Figaro du Boulevart Montmartre ( Lespès ) qui avait entrepris de faire la barbe à ses clients en costume de théâtre de son état.

## BARBEY D'AURÉVILLY.

— Du Dandysme et de G. Brummel. 1862, in-12, xvi-169 p. ( *imp. Poupart-Davyl et Cᵢᵉ.* )

« M. Barbey d'Aurévilly fit autrefois sur le dandysme et sur son héros G. Brummel un petit livre demeuré peu connu, grâce à un caprice de bibliophile qui en avait fort restreint le tirage.

« Cette mesquinerie a été réparée. Le *Dandysme* vient d'obtenir son édition populaire, et nous avouons humblement compter parmi ceux qui viennent de le lire pour la première fois.

« L'auteur s'est tiré à son honneur d'une passe délicate. Il ne suffisait pas d'être bon écrivain pour savoir toucher à de pareilles quintessences. Il fallait une sensiblerie, un tact particulièrement exquis. Ce tact, cette sensibilité, nous les avons retrouvés dans une monographie nécessairement enthousiaste, mais où l'esthétique du dandysme et la vie du dandy par excellence sont abordées de front avec bonheur. » ( *Rev. An.* T. XIII, p. 208. )

Annoncé sur la couverture *pour paraître prochainement : Le Traité de la princesse ou la princesse maltraitée,* volume dont la fermeture de la librairie Poulet-Malassis empêcha la publication.

### BARTHÉLEMY ( Edouard de ).
— Les princes de la maison de Savoie. 1860, in-12, 279 p.

V. Mathurin Régnier : *Œuvres.*

### BASSINET ( J.-B. ).
— Fantaisies et Boutades, poésies. 1861, in-18, 192 p.

### BAUDELAIRE ( Charles ).
— Les Fleurs du Mal. 1857, in-12, 252 p.

Cette première édition contient six pièces qui ont été condamnées par un arrêt du 20 août 1857 : *Les Bijoux, le Lethé, A celle qui est trop gaie, Lesbos, Femmes damnées, les Métamorphoses du Vampire.*

La couverture porte l'annonce suivante : *Pour paraître en juin 1857 : Curiosités esthétiques* par Charles Baudelaire. Ce projet de publication fut abandonné.

A la vente de Poulet-Malassis, un exemplaire de cette première édition des *Fleurs du Mal,* avec des additions et des variantes, fut payé 215 fr. ; un autre, dans des conditions analogues, fut vendu 25 francs.

Quant aux autographes et aux nombreuses lettres de Baudelaire que possédait Poulet-Malassis, formant quinze numéros de la même collection, ils atteignirent le prix de 1621 francs.

— Théophile Gautier, notice littéraire, précédée d'une lettre de Victor Hugo. 1859, in-12, VIII-48 p.

Avec un portrait de Théophile Gautier, gravé par Thérond.

Ce travail avait paru d'abord dans *l'Artiste* ( 13 mars 1859 ). *Notices littéraires*, et *Machiavel et Condorcet*, deux ouvrages qui n'ont pas été publiés chez Poulet-Malassis, sont annoncés sur la couverture.

« M. Baudelaire avait dédié jadis un livre des *Fleurs du Mal*, un livre qui restera, au poète impeccable, au parfait magicien ès-langue française, à son très cher et très vénéré maître et ami, Théophile Gautier. Ce sentiment d'admiration profonde, si bien exprimé dans ces quelques lignes, on le retrouve dans la brochure nouvelle. L'auteur nous raconte la vie du poète, non pas sa vie matérielle, elle n'offre que peu d'incidents ,mais sa vie intellectuelle mieux remplie que bien des romans d'aventures. Pour M. Baudelaire, Gautier est un homme *inconnu*. Le public ne voit en lui qu'un critique tandis que lui, le poète, il voit un poète et nous l'explique, si tant est que l'on puisse expliquer un poète. Il l'apprécie et nous le fait comprendre, son livre n'est pas une biographie, c'est ce que ces allemands appellent une *caractéristique*, elle brille de tout l'attrait d'une éloquente sincérité. » ( *Rev. An*. T. VIII, p. 215. )

— Les Paradis artificiels. Opium et Haschisch. 1860, in-12, 306 p.

La couverture porte l'annonce suivante : « Sous presse du même auteur : *Réflexions sur quelques-uns de mes contemporains ;* un volume contenant : Edgar Poë, Théophile Gautier, Pierre Dupont, Richard Wagner, Auguste Barbier, Leconte de Lisle, Hégésippe Moreau, Petrus Borel, Marceline Desbordes-Valmore, Gustave Le Vavasseur, Gustave Flaubert, Philibert Rouvière ; la famille des *Dandies*, ou Chateaubriand, de Custine, Paul de Molènes et Barbey d'Aurevilly. » Ce volume n'a jamais paru ; cependant tous les articles qui devaient le composer existent, sauf le dernier.·

« M. Baudelaire, dans son livre, a voulu analyser les effets mystérieux et les jouissances morbides que peuvent engendrer le haschisch et l'opium et constater les châtiments inévitables qui résultent de leur emploi prolongé. Le poëme du *Haschisch* et le *Mangeur d'opium* n'ont pas d'autre but. On y trouve au milieu de théories ayant toutes une tendance idéaliste, une foule d'anecdotes merveilleuses. Les pages relatives aux effets du haschisch sont fort belles ; le style de l'auteur y est d'une netteté singulière, tout en étant vivement coloré. » (*Rev. An.* XI, p. 47.)

— Les Fleurs du Mal, seconde édition augmentée de trente-cinq poëmes inédits. 1861, in-12, 320 p.

Plusieurs des pièces de ce volume avaient été publiées en 1851, dans le *Messager de l'Assemblée;* elles y étaient présentées comme extraites des *Limbes,* volume de Charles Baudelaire sous presse *(sic)* chez Michel Lévy.

L'ouvrage devait être orné d'un portrait de Baudelaire, gravé par Bracquemond. L'auteur exprima énergiquement le désir de ne pas voir, en tête de son livre, ce frontispice qui, en effet, ne fut pas employé.

## BONHOMME ( HONORÉ ).

V. Piron : *Œuvres inédites.*

## BOUGY ( ALFRED DE ).
— Voyage dans la Suisse française et le Chablais. 1860, in-12, 412 p. avec une carte.

La fin de l'ouvrage est consacré à Jean-Jacques et à Mme de Warrens. Elle contient trois opuscules inédits du philosophe de Genève et deux lettres de Mme de Warrens, découvertes en Savoie.

## BOULMIER ( JOSEPH ).
— Rimes loyales. 1858, in-18, 142 p.
— La Légende du cœur. 1862, in-12,      p. (*imp. Poupart-Davyl et C*ie. )

Publié sans nom d'auteur. Quelques exemplaires sur papier rose.

BROSSES ( CHARLES DE ).

— Lettres familières , écrites d'Italie à quelques amis, en 1739 et 1740, avec une étude littéraire et des notes par Hippolyte Babou. 1858, 2 vol. in-12, xv-308, 338 p.

BRUNET ( CH. ).

— Marat, dit l'ami du peuple. Notice sur sa vie et ses ouvrages. 1862, in-12, 58 p. ( *imp. Poupart-Davyl et C*$^{io}$. )

Avec un portrait de Marat, gravé par Flameng, d'après un dessin de Gabriel.

BULAU ( FRÉDÉRIC ).

— Personnages énigmatiques , histoires mystérieuses, événements peu ou mal connus; traduit par W. Duckett. 1862, 3 vol. in-18 jésus, viii-430, 432, 472 p. ( *imp. Jouaust.* )

Ce n'est qu'un extrait de l'ouvrage allemand qui forme douze volumes.

CAMP ( MAXIME DU ).

— En Hollande, lettres à un ami, suivies des catalogues des musées de Rotterdam, La Haye et Amsterdam. 1859, in-12, 387 p.

CAMPARDON ( E. ).

— Histoire du Tribunal révolutionnaire de Paris (18 mars 1793 - 31 mai 1795 ), d'après des documents originaux conservés aux archives de l'empire. 1862, 2 vol. in-18 jésus, ii-449, 523 p. ( *imp. Poupart-Davyl et C*$^{io}$. )

CANTEL ( Henri ).
— Impressions et visions, précédées d'une pré-
face par H. Babou. 1859, in-12, ix-251 p.
( *Typ. Gautet.* )

« Le livre se moque un peu du titre et, entre nous, il a
raison. M. Cantel est trop plein de sa muse pour lui
assigner ainsi deux places à l'avance. Aussi ses impres-
isons ont-elles toutes les grâces de la rêverie, comme ses
visions tous les charmes palpitants de l'humaine réalité.
Ce n'est pas nous qui nous en plaindrons jamais, car les
unes et les autres ont paru dignes d'attacher également
leurs lecteurs. » ( *Rev. An.* VIII, 215. )

L'on trouve dans le *Parnasse satyrique* de Poulet-
Malassis (T. II, p. 123-127) sept pièces établissant que
l'auteur d'*Impressions et visions* abandonne volontiers les
rêveries trop gracieuses pour les plus troublantes images
de la réalité humaine.

CASTAGNARY.
— Philosophie du Salon de 1857. 1858, in-16,
106 p.

CASTELNAU ( Albert ).
— La Question religieuse. 1861, in-18 jésus,
257 p. ( *Abbeville, imp. Housse.* )

CASTILLE ( Hippolyte ).
— Histoire de soixante ans, 1859, 3 vol. in-8,
412, 363, 345 p.

Trois volumes seulement, sur dix annoncés, ont paru.
Nous extrayons du prospectus les curieuses considérations qui suivent :

« .... L'Histoire de soixante ans offre, au point de vue
matériel, des avantages qu'il ressort des attributions des
éditeurs d'exposer au public.

« Pour connaître aujourd'hui l'histoire des faits qui se
sont écoulés en France depuis 1788 jusqu'à la Révolution

de février 1818, on est obligé, en se bornant à un seul écrivain par .époque, de l're, je suppose, le nombre de volumes suivants :

| | | |
|---|---|---|
| Thiers, *Histoire de la Révolution*. . . . | 10 vol. | |
| — *Histoire du Consulat et de l'Empire.* | 18 — | |
| Vaulabelle, *Histoire des deux Restaurations.* | 8 — | |
| Louis Blanc, *Histoire de Dix ans.* . . . | 5 — | |
| Elias Regnault, *Histoire de Huit ans.* . . | 3 — | |
| Total. . . . . . | 44 vol. | |

« Outre une dépense de temps considérable, c'est une dépense d'argent qui ne s'élève pas à moins de deux à trois cents francs.

« Une histoire en dix volumes, comprenant la même période historique, offre donc une économie de temps et une économie d'argent considérables.

« ..... Unité de doctrine, unité de méthode, unité de récit, précision et condensation des faits ; économie de temps ; bon marché ; tels sont les avantages que cette publication offre au public. »

## CHAMPFLEURY.

— Les Amis de la nature, précédés d'une caractéristique des œuvres de Champfleury. 1859, in-12, XL-142 p.

Avec le portrait de l'auteur, gravé à l'eau-forte par Bracquemond, d'après un dessin de Courbet.

« Littérairement parlant, cet ouvrage n'est ni un roman ni une nouvelle. Les types dont il retrace les allures, types dont l'excentricité ne peut être bien comprise que par la société parisienne, doivent, à nos yeux, prendre rang dans la suite piquante de ces *Excentriques* que l'auteur s'entend si bien à décrire. Les vicissitudes de l'*Amant de la forêt* et les débats des brasseries artistiques forment un tableau de mœurs d'un haut comique. » (*Rev. An.* T. VIII, p. 215.)

*Les Amis de la nature* sont le premier volume de la série des œuvres illustrées de Champfleury, qu'a publiée Poulet-Malassis.

—'La Succession Le Camus. 1860, in-12, 324 p.

Avec un frontispice dessiné et gravé par Fr. Bonvin.

En 1862, *les Amis de la nature* et *la Succession Le Camus* ont été réunis en un seul volume avec un titre nouveau.

« *La Succession Le Camus* est une œuvre toute d'observation. L'auteur nous initie aux mœurs de la province, et c'est peut-être de tous ses livres, celui où règne le plus cette émotion douce qui donne un si grand charme à certains de ses ouvrages. C'est sans contredit une des œuvres capitales du romancier, et le soin avec lequel l'édition est faite en assure le succès. » (*Rev. An.*, T. XI, p. 47.)

— Monsieur de Boisdhyver. 1860, in-12, 448 p.

Avec quatre eaux-fortes dessinées et gravées par Armand Gautier.

« Publiée d'abord en feuilleton dans *la Presse*, cette étude de la vie dévote en province gagne à se présenter en volume. Ceux mêmes qui lui reprochent un style peu chàtié et quelques images dépourvues de bon goût, ne pourront se refuser à y reconnaître un talent d'observation réel, un grand fonds de vérité comique et quelques pages où se cache une sentimentalité vraie. » (*Rev. An.*, T. X, p. 192.)

— Grandes figures d'hier et d'aujourd'hui, Balzac, Gérard de Nerval, Wagner, Courbet. 1861, in-12, xiv-272 p.

Avec quatre portraits gravés par Bracquemond.

« L'auteur a rassemblé sous ce titre quatre études sur Balzac, Gérard de Nerval, Wagner et Courbet. Les deux premières occupent environ les trois cinquièmes du volume ; elles abondent en renseignements curieux dont beaucoup sont le fruit des souvenirs personnels de l'auteur. Outre ce mérite elles se distinguent par celui d'une simplicité consciencieuse qui n'est pas une mince garantie pour le lecteur. Moins étendues, les parties qui concernent Courbet et Wagner se ressentent naturellement de la contemporanéité des personnages. Le fragment de

Wagner intitulé : *Une Visite à Beethoven*, est une charmante chose. (*Rev. An.*, T. XII. p. 71.)

M. Champfleury fut alors l'un des seuls qui évita la honte de se railler de Wagner. La *Revue Anecdotique* elle même, qui prétendait être le moniteur audacieux des choses de l'avenir, inséra le grotesque compte rendu qui suit :

« Opéra — Le Tanhœuser (prononcez tanôse ou tétanos *(sic)* — Au dire des étymologistes, la racine verbale du mot est *tanner*, verbe trop actif. Trop d'actes et trop de tableaux par Wagner (Richard) ... Assez sur cet immense ennui ! »

— Les Souffrances du professeur Delteil. 1861, in-12, 332 p.

Avec quatre eaux-fortes dessinées et gravées par Cham.

« Une nouvelle réédition des *Souffrances du professeur Delteil* vient d'être ajoutée à la collection des œuvres illustrées de Champfleury. Nous n'avons pas à revenir sur l'intérêt de cette touchante étude ; depuis l'hospitalité de la *Revue des Deux-Mondes* jusqu'aux honneurs d'une traduction anglaise (1), elle a eu tous les privilèges d'un succès mérité. Cham a donné à ce volume quatre vignettes, quatre jets de sa verve intarissable. » ( *Rev. An.*, T. XII, p. 71.)

— Les Aventures de Mademoiselle Mariette. 1862, in-12, 295 p. (*imp. Jouaust.*)

Avec quatre eaux-fortes dessinées et gravées par Morin.

Poulet-Malassis possédait un exemplaire de ce livre avec une clef par Champfleury et la copie d'une autre clef commencée par Baudelaire.

C'est le dernier volume de la série des œuvres illustrées de Champfleury. On lit au dos de la couverture : *En préparation : Souvenirs des Funambules , avec quatre eaux-fortes, dessinées et gravées par Legros.* Ce volume n'a jamais paru.

---

(1) Book about naughty boys. *Edinburgh*, 1855, in-12.

— De la littérature populaire en France. — Recherches sur les origines et les variations de la légende du Bonhomme Misère. 1861, in-8, 32 p. (*imp. Poupart-Davyl.*)

Publication de bibliophile tirée à 200 exemplaires sur papier vergé, couverture vieux style.

« C'est un fragment des travaux que poursuit l'auteur sur la littérature populaire en France. C'est un attachant morceau d'histoire littéraire. » (*Rev. An.*, T. XII, p. 120.)

### CHAMPLY (H.).
— Suisse et Savoie, souvenirs de voyage. 1859, in-12, 148 p.

### CHARPENTIER (Fr.-Alex.-Emm.), ancien officier supérieur.
— De la pesanteur terrestre. 1859, in-8, VII-199 pages.

Œuvre d'un compatriote de Poulet-Malassis, dont le ton sérieux contraste singulièrement avec le ton léger des volumes, ses voisins de librairie.

— Fables. 1860, in-8, v-237 p.

Suivies (p. 200-232) des fables inédites de M. E. C......s, conseiller à la cour de......

### CHASLES (Philarète), professeur au Collège de France, conservateur à la Bibliothèque Mazarine.
— Galileo Galilei, sa vie, son procès et ses contemporains, d'après les documents originaux. 1862, in-12, VIII-286 p.

Avec un portrait gravé d'après l'original d'Ottavio Leoni.

— Virginie de Leyva, ou intérieur d'un couvent de femmes en Italie, au commencement du

XVII⁰ siècle, d'après les documents originaux, seconde édition. 1862 , in-18, XII-204 p.

Avec le portrait de Virginie de Leyva, d'après Daniel Crespi.

## CHATILLON ( AUGUSTE DE ).
— A la Grand-Pinte, poésies, avec une préface de Théophile Gautier. Deuxième édition très augmentée. 1860, in-12, 213 p.

## CHENNEVIÈRES-POINTEL ( le marquis de ).
— Catalogue des dessins de la collection du M^is de Chennevières-Pointel, inspecteur des musées de province, exposés au musée d'Alençon, précédé d'une lettre à M. Léon de la Sicotière. 1857, in-16, 68 p.

Catalogue imprimé par Poulet-Malassis avec un soin tout particulier par amitié pour son compatriote et par amour pour sa ville natale.

— Les derniers contes de Jean de Falaise. 1860, in-12, VI-273 p.

Avec une eau-forte de Jules Buisson.
« Jean de Falaise est le pseudonyme de M. de Chennevières, qui a réuni en un volume une série de contes normands. Le *Curé de Mauboscq* notamment est une page délicieusement calme de la vie intime d'un pauvre curé de campagne. Et l'auteur a su nous intéresser par un récit des plus simples. » (*Rev. An.*, T. XII, p. 71.)
Les premiers *Contes normands*, par Jean de Falaise avaient paru à Caen en 1842.

## CHEVALIER ( H.-EMILE ).
— Les Drames de l'Amérique du Nord :
— La Huronne, scènes de la vie canadienne. 1861, in-18, VIII-363 p. (*imp. Vallée et C^ie.*)

— La Tête-Plate. 1862, in-18, 326 p. (*imp. Poupart-Davyl et C*<sup>ie</sup>*.*)

— Les Nez-Percés. 1862, in-18, 324 p. (*imp. Poupart-Davyl et C*<sup>ie</sup>*.*)

Ces trois volumes forment le commencement d'une série de romans, dont le prospectus (11 p.) a été rédigé par Poulet-Malassis. Cette série n'a pas été continuée.

## CLADEL (Léon).

— Les Martyrs ridicules, avec une préface de Charles Baudelaire. 1862, in-12, XII-351 p.

## CLARISSE-ANNA (M<sup>me</sup>).

— Rome chrétienne dévoilée, ou Révélation du Mystère de la Tradition apostolique, suivie de Révélations herméti-prophétiques. 1862, in-18 jésus, 131 p. (*imp. Poupart-Davyl et C*<sup>ie</sup>*.*)

## CLAVEL (le docteur).

— Les races humaines et leur part dans la civilisation. 1860, in-8, 435 p. (*imp. Jouaust*).

« L'auteur a voulu, en donnant une idée du génie des races, faciliter aux historiens la compréhension des événements qui, la plupart du temps, sont facilement explicables par les caractères même de la race chez laquelle ils se sont produits. C'est un livre intéressant à tous égards. » (*Rev. An.*, T. XI, p. 71.)

— Statique sociale de l'équilibre et de ses lois. 1862, grand in-18, 327 p. (*imp. Jouaust.*)

## CORASSAN (Charles).

— Vérités et Sévérités. 1862, in-12, 255 p. (*imp. Guérin.*)

DAUDET ( ALPHONSE ).
— La Double Conversion, conte en vers. 1861,
in-12, 63 p.

Avec un frontispice gravé par Bracquemond, sur un
dessin de Racinet.

DELORD ( TAXILE ).
— Les Troisièmes pages du Journal *le Siècle*,
portraits modernes. 1861, in-12, 492 p.

« A la bonne heure au moins ! Voici un auteur qui
dédaigne de farder ses vieilles études, comme le font
aujourd'hui tant de grandes coquettes littéraires. Son titre
dit carrément ce qu'est son livre : — une série d'études
biographiques, faites avec la facilité de facture et l'indépendance de jugement auxquelles le nom de l'auteur a
depuis longtemps habitué la presse parisienne. Pour bien
se vendre, ce livre n'a besoin que de la trente-sixième
partie des abonnés du journal de M. Havin. » ( *Rev. An.*
T. XII, p. 96.)

DELVAU ( ALFRED ).
— Les Dessous de Paris. 1860, in-18, 288 p.
( *imp. Ch. Jouaust.* )

Avec un frontispice de Flameng. En 1873, Poulet-
Malassis a donné, en tête de la réimpression de : *Au bord
de la Bièvre,* la bibliographie complète des œuvres de
Delvau.

DEPRET ( LOUIS ).
— Les Etapes du cœur ( poésies ). Gretchen.
1859, in-18, 207 p.

« Ne croyez pas que l'auteur ait déjà fait cette longue
route. Il a le bonheur d'être encore blond et jeune volon-
taire. Il nous le dit lui-même :

> Je ne suis qu'un des cinq cent mille
> Qui brûlent d'aller à Paris
> Ouvrir au ciel de la grand'ville
> Des cartons pleins de manuscrits.

Et voici son premier carton ouvert. Que les cieux parisiens lui soient cléments ! » (*Rev. An.*, T. VIII, p. 215.)

## DESMARIE (PAUL).

— Mœurs italiennes. 1860, grand-in-18, 266 p. (*Le Mans*, *imp. de Hallais*, *du Temple et C^{ie}*.)

## DESNOYERS (FERNAND).

— Le Théâtre de Polichinelle, prologue en vers pour l'ouverture du théâtre des marionnettes dans le jardin des Tuileries. 1861, in-8 carré, 39 p.

Avec un frontispice à l'eau-forte de Alph. Legros.

## DESPORTES.

— Les chefs-d'œuvre de Desportes, avec une préface et des notes. 1862, in-18 jésus, XV-141 p. (*imp. Poupart-Davyl et C^{ie}.*)

## DIDEROT.

— Le Neveu de Rameau, nouvelle édition revue et corrigée sur les différents textes avec une introduction par Charles Asselineau. 1862, in-12, XLVII-162 p. (*imp. Vallée et C^{ie}.*)

Vilain volume, imprimé chez Vallée, indigne de porter la marque de Poulet-Malassis. L'on en est d'autant plus surpris que l'éditeur lui-même a collaboré à l'œuvre, insérant, entre l'introduction et le texte, un avis rempli de notes curieuses et contenant les extraits les plus intéressants de Mercier et de Cazotte.

## DIDOT (ALFRED).

V. Nicolas de Damas : *La Mort de César.*

DIGUET ( Charles ).
— Rimes de Printemps, avec une lettre de M. de Lamartine à l'auteur. 1864, petit in-8, 65 p.

DUBELLAY ( Henri ).
— Rimes buissonnières. 1858, in-18, 86 p.

Joli volume renfermant vingt-quatre poésies fraîches et charmantes que l'auteur allait vendre de porte en porte pour pouvoir acheter un morceau de pain. Dubellay, qui avait écrit la phrase : *La vraie préface d'un chef-d'œuvre est un bon diner* et le vers :

*La faim sombre à l'œil fauve a des conseils infâmes,*

le mendiant colporteur des *Rimes buissonnières*, mourut peu après dans la misère la plus noire. (V. F. Maillard, *les Derniers Bohêmes*, p. 222 ; *Rev. An.*, T. X, p. 210.)

DUCOS-DUHAMON ( Al. ).
— Les Noces de Poutamouphis. 1862, in-18 carré, 120 p.

Poëme imprimé entièrement en italiques.

DURANTY.
— Le malheur d'Henriette Gérard. 1860, in-18 jésus, 370 p. ( *imp. Jouaust.* )

« M. Duranty est l'ancien rédacteur en chef du *Réalisme* qu'il avait fondé pour défendre les intérêts de la jeune littérature. Cette feuille était rédigée par MM. Duranty, Thuilier, Asselineau. » ( *Rev. An.*, T. XI, p. 26.)

DUSOLIER ( Alcide ).
— Ceci n'est pas un livre. 1862, in-18, 300 p. ( *imp. Jouaust.* )

Alcide Dusolier est le pseudonyme d'Etienne Meurice.

3

ESSARTS ( ALFRED DES ).
— A l'Amérique. — La guerre des frères. 1862,
in-8, 30 p. ( *imp. de Soye et Bouchet.* )

« Poëtique actualité. Si les muses siégeaient aux conseils de la positive Amérique, elles rémunéreraient l'auteur de son éloquent rappel à la concorde ; mais la
meilleure lyre ne serait pas en sûreté sur les rives du
Potomac. » ( *Rev. An.*, T. XIV, p. 47.)

ESSARTS ( EMMANUEL DES ).
— Poésies parisiennes. (*Abbeville*, *imp. R.
Housse.*) 1862, in-12, 195 p.

« *Les Poésies parisiennes* de M Emmanuel des Essarts
sont un grand succès de vente et un grand succès de
mode. Précisément par ce qu'il sait le grec mieux que
Vadius et qu'il est sorti à vingt et un ans de l'Ecole normale
agrégé des classes supérieures, le jeune poëte a su ne
pas se barbouiller de grec et de latin et son livre est de
ceux que les reines de l'élégance peuvent tenir dans leurs
petites mains blar.ches. Le titre de ce recueil fashionnable
est admirablement choisi; car si l'auteur est, comme tous
les poëtes contemporains, un disciple de Victor Hugo, il
a aussi cherché l'accent de l'art moderne chez Gavarni
et chez Balzac. S'il a appris le rythme dans les poëmes de
Baudelaire, de Brizeux, de Th. de Banville, il n'a pas
dédaigné de vivre dans la vie, au bois, dans les salons,
dans les boudoirs, et, à la façon dont il chante la valse,
il est facile de deviner que, là où l'on danse, il ne se tient
pas à l'écart comme un savant maladroit et triste. » ( *Rev.
An.* T. XIV, p. 70.)
Volume mal imprimé et rempli de fautes typographiques, indigne de porter la marque au caducée. La
moins pardonnable des erreurs d'impression y étale un
vers de treize pieds :

*Sur les tables que pare un magnifique trophée.*

L'épigraphe est empruntée à Charles *Beaudelaire* avec
cet *e* détesté qui avait fait détruire, huit ans auparavant,
les exemplaires de la *Philosophie de l'ameublement.*

Une des poésies parisiennes, *la Fée de la gourmandise,* est dédiée à Auguste Poulet-Malassis.

EYMA ( Xavier ).
— Scènes de mœurs et de voyages dans le Nouveau-Monde. 1862, in-18 jésus. 392 p. ( *imp. Jouaust.* )
— La Vie dans le Nouveau-Monde. 1862, in-18 jésus, 359 p. ( *imp. Jouaust.* )

« M. Eyma a commencé par des biographies d'hommes célèbres, composées en collaboration avec M. de Lucy; les plaisants écrivaient Emma et Lucie...... Puis il est allé en Amérique ; les voyages forment : M. X. Eyma s'est formé ; il a rapporté d'outre-mer des récits très attachants sur les Peaux-Rouges, les Peaux-Noires et les Peaux-Bleues. » (C. Monselet, *la Lorgnette littéraire*, p. 77.)

FAUCHERY ( Antoine ).
— Lettres d'un mineur en Australie, précédées d'une lettre de Théodore de Banville. 1857, in-12, xxiii-278 p.

La lettre de Théodore de Banville, adressée à A. P.-Malassis, établit que le volume de Fauchery est l'un des premiers publiés à Paris par l'éditeur alençonnais : « Mon cher ami, — Que d'événements ! Donc vous êtes venu à Paris, apportant dans vos mains de beaux livres tous frais sortis de vos presses, qui feront la joie des derniers bibliophiles.... Puis, il se trouve que, dès la première journée de votre séjour, vous avez acheté un volume d'un ami que vous ne connaissiez pas la veille. Vous m'envoyez en bonnes feuilles les *Lettres d'un mineur en Australie*, et vous me demandez une préface. »

FERROUILLAT ( Michel ).
— Le Poëme sentimental. 1861, grand in-18 anglais, 377 p. ( *imp. Claye.* )

## FIZELIÈRE ( Albert de la ).

— A.-Z. ou le Salon de 1861. 1861, in-12, 48 p. ( *imp. Plon.* )

Un mot de la Fizelière recueilli cette année même par la *Revue Anecdotique*. La pluie avait chassé les habitués de la petite Bourse dans le passage Mirès contre les vitrines de la librairie Malassis. « La tenue de ces spéculateurs semblait trahir leurs angoisses. Les paletots râpés et les chapeaux graisseux brillaient par leur majorité.

Un de ces badauds implacables auxquels il faut tout dire saisit la Fizelière, au moment où il allait chez l'éditeur Malassis.

— Pardon, Monsieur, fait-il niaisement, *c'est donc ici que se tient la petite Bourse ?*

— Vous voulez dire sans doute *les petites bourses ?*....... Oui, Monsieur, c'est ici, répond notre confrère en s'esquivant. » (T. XII, p. 91.)

## FOUCAULT ( Camille ).

— Les Rois d'aujourd'hui, nouvelles. 1862, in-18 jésus, 239 p. ( *imp. Vallée et C^{ie}.* )

« M. Camille Foucault est un galant homme d'une famille de la Mayenne, qui vient de publier un livre de Nouvelles, moitié parce qu'il est possédé du noble amour des lettres, moitié parce qu'il fréquente avec des écrivains et que, pour ne pas se sentir trop dépaysé parmi ces Messieurs, il convient d'avoir écrit peu ou prou ou d'en avoir fait le semblant.

« Ce livre est intitulé *les Rois d'aujourd'hui* (les Portiers et les Propriétaires ! ); il est amusant, il se laisse lire, mais il est écrit d'un style qu'on pourrait qualifier : le style *à la papa.* » (*Rev. An.,* T. XIV, p. 56, *la Vérité sur le diner de M. Camille Foucault.*)

## FRETIN ( Charles )

— Folles et sages, poésies. 1862, in-18 jésus, 202 p. ( *Abbeville, imp. Housse.* )

FURETIÈRE ( ANTOINE ).

— Recueil des factums d'Antoine Furetière, de l'Académie française, contre quelques-uns de cette académie, suivi des preuves et pièces historiques données dans l'édition de 1694, avec une introduction et des notes historiques et critiques, par M. Charles Asselineau. 1859, 2 vol. in-12, LXVII-352, 382 p.

En tête du premier volume, fac-similé d'une vignette avec la devise *Crebro pulsata nitescit*, qui figure en tête d'une des éditions hollandaises de Desbordes.

« L'éditeur Poulet-Malassis en a fait deux beaux et solides volumes; et il a eu raison, car de pareils documents veulent être conservés dans l'intérêt de notre histoire littéraire. Quant aux soins nécessaires à l'intelligence et à la correction du texte, nous avons nommé en M. Asselineau celui qui devait entre tous s'en acquitter le mieux. Une pareille tâche revenait de droit à l'éditeur du *Roman bourgeois*. » ( *Rev. An.*, T. VIII, p. 48. )

GALLET ( A. ).

— Armand. 1872, in-18 jésus, 286 p. ( *imp. Poupart-Davyl et Cⁱᵉ.* )

GARDET ( ED. ).

— Un courrier de Paris en 1664. Lettre inédite de Mézeray. 1859, in-16, 16 p.

GASTINEAU ( BENJAMIN ).

— Histoire de la folie humaine. — Le Carnaval ancien et moderne. 1868, in-18, 107 p. ( *Abbeville, imp. Housse.* )

GAUTIER ( THÉOPHILE ).

— Emaux et Camées. Seconde édition augmentée 1858, in-18, 235 p.

Edition ornée de fleurons, culs de lampe et en tête dessinés par E. Thérond.

Enregistrons, au sujet d'*Emaux et Camées*, un mauvais point donné par le grand Théo, à Poulet-Malassis, mais effacé presque aussitôt par un satisfecit.

« Cet étourdi de Poulet-Malassis *( pullus gallinaceus male sedens )* a copié pour *Emaux et Camées* la première édition, de façon qu'il a sauté deux pièces qui sont ajoutées à la seconde : *les Accroche-cœur* et *les Néréïdes*. C'est adroit pour un recueil complet ! Il n'a pas mis non plus la pièce intitulée *l'Art* à la place indiquée : elle devrait venir après *Bûchers et Tombeaux* et clore le volume dont elle résume l'idée. Sauf cela, *c'est parfait !* » (Lettre à Ernest Feydeau, publiée dans *Théophile Gautier, Souvenirs intimes*, 1874. )

Le maître avait d'ailleurs écrit sur l'exemplaire d'Asselineau : « *Je suis satisfait de cet exemplaire*, et je le signe pour en augmenter l'éclat. »

La première édition d'*Emaux et Camées* avait paru chez Didier, en 1852.

— De la Mode. 1858, in-32, 34 p.

— Honoré de Balzac, édition revue et augmentée, avec un portrait gravé à l'eau-forte par E. Hédouin. 1859, 177 p.

Certains exemplaires, datés sur la couverture de 1860, sont augmentés de six pages de fac-similés.

GAVAZZI ( le Père ), chapelain de Garibaldi.
— Sermons traduits de l'italien par Félix Mornand, précédés d'une notice sur le Père Gavazzi. 1861, in-12 jésus, XXXII-223 p. (*imp. Raçon et C*$^{ie}$. )

« Ce volume est sans contredit un des plus curieux que M. Malassis ait publié. En lisant ces improvisations faites sur la place publique, on croirait entendre un orateur du temps de la Ligue. — Ce sont, en général, des discours politiques en faveur de l'unité de l'Italie, mais dits avec

une verve, un entrain, une vivacité d'images incroyables.
Les locutions employées ne sont pas toujours du genre
noble ; la moitié du discours au moins semble être dans
la pantomime et dans le geste ; mais on conçoit aisément
l'enthousiasme que doivent exciter à Naples ces violences
et ces imprécations contre Franceschino Bambicello. »
( *Rev. An.*, T. IX, p. 239. )

GENTY ( ALCIDE ).
— At home. 1862, in-18 jésus, 176 p. ( *imp.
Poupart-Davyl et C*ⁱᵉ. )

GIRAUD ( OCTAVE ).
—Fleurs des Antilles, poésies. 1862, grand in-18,
271 p. ( *Abbeville, imp. Housse.* )

GIRAUDEAU ( FERNAND ).
-- Mon voyage au Corps Législatif, par un habi-
tant de Château-Thierry. 1862, in-18, 108 p.
( *imp. Jouaust.* )

Publié sans nom d'auteur.

GŒPP ( EDOUARD ).
— Un aventurier littéraire. 1861, in-12, 266 p.
( *imp. Jouaust.* )

GONCOURT ( EDMOND et JULES DE ).
— Sophie Arnould, d'après sa correspondance et
ses mémoires inédits. 1857, in-12, 203 p.

Certains exemplaires ont un appendice sur papier vergé.

— Dito, seconde édition. 1861, in-12, iv-193 p.

GRANDFORT ( Mᵐᵉ MARIE DE ).
— Ryno, 1862, in-18 jésus, 284 p. ( *imp. Poupart-Davyl et C*ⁱᵉ. )

Avec le portrait de l'auteur.

« Il ne tient qu'à nos contemporains de se former un sérail plus nombreux que celui de Saladin, en galerie s'entend, car les plus charmants modèles devancent nos désirs, en se faisant graver, lithographier et photographier à qui mieux mieux..... M^me Marie de Grandfort vient à son tour de donner au public son portrait lithographié en tête d'un roman intitulé *Ryno*.

« Nous ne dirons rien du portrait, il faut le voir ; ni rien du livre : il faut le lire.

« Mais quel est ce Ryno ?

« Henri Heine fait observer qu'une femme n'écrit jamais que l'*un des yeux tourné vers un homme*.

« Or l'épigraphe de *Ryno* est empruntée, *sans qu'on le dise*, à la traduction de Gœthe du prince de Polignac.

« Donc...... » ( *Rev. An.*, T. XIV, p. 135. )

## GRANGIER ( M^me ).

— Où trouve-t-on l'amitié ? 1861, in-18 jésus, 360 p. ( *imp. Jouaust.* )

*Amour et devoir*, du même auteur, porté sur les catalogues de Poulet-Malassis, avait été publié antérieurement chez Vallin.

## GRAVILLON ( Arthur de ).

— La Malice des choses. 1862, in-18 jésus, 168 p. ( *imp. Vallée et C^ie.* )

« Opuscule vif et court vêtu dans ses allures familières et spirituelles.... Amusante bluette, de celles que nos bons aïeux avaient décorées du nom significatif de *Tombeau de la mélancolie*. » ( *Rev. An.* T. XIV, 263. )

## GRIMARD ( Ed. ).

— L'éternel féminin, nouvelles. 1862, in-18 jésus 367 p. ( *imp. Poupard-Davyl et C^ie.* )

## GUICHARD ( M. ).

— Les Doctrines de M. Gustave Courbet, maître peintre. 1862, in-18, 36 p. ( *imp. Jouaust.* )

Courbet était l'un des peintres préférés de Malassis, et l'un des maîtres prônés dans le cénacle de la rue Richelieu. Lui-même faisait un cas particulier du goût artistique de l'éditeur alençonnais. « J'ai toujours ambitionné, — lui écrivait-il en décembre 1859 (1), — de faire de la peinture pour des hommes comme vous. » Le 10 août de la même année, Poulet-Malassis avait acheté 500 fr. à Courbet le portrait de Baudelaire peint en 1848. En 1874, il le revendit 3,000 fr. à M. Bruyas pour le musée de Montpellier.

### HAMEL ( ERNEST ).

— Histoire de Saint-Just, député à la Convention nationale. 1859, in-8, 628 p.

Avec un portrait de Saint-Just et un portrait du conventionnel Ph. Le Bas, gravés par Flameng.

Ce livre fut mis au pilon, et l'on n'en réserva que les exemplaires en grand papier. Une nouvelle édition en a été donnée en Belgique.

— Marie - la - Sanglante, histoire de la grande réaction catholique sous Marie Tudor, précédée d'un essai sur la chute du catholicisme en Angleterre. 1862, 2 vol. in-8, 419, 378 p. ( *imp. Jouaust.* )

Orné d'un portrait de Marie Tudor d'après Antonio Moro.

### HATIN ( EUGÈNE ).

— Histoire politique et littéraire de la Presse en France, avec une introduction historique sur les origines du Journal et la Bibliographie générale des journaux depuis leur origine. 1859-1861, 8 vol. in-8, XXXII-475, 479, 512, 466, 483, 550, 606 et 644 p.

(1) Lettre en la possession de l'auteur de ce travail.

Publié également en 8 vol. in-12, ayant même pagination.

« J'avais publié dès 1846, sous le titre d'*Histoire du journal en France*, un petit volume sans prétention uniquement destiné, dans ma pensée, à jeter un peu de jour sur l'origine de la presse périodique et à appeler l'attention sur ce sujet.

« En 1853, M. P. Jannet donna de cet essai une seconde édition, entièrement refondue et presque doublée, à laquelle on a bien voulu accorder quelques éloges, et aujourd'hui entièrement épuisée.

« Déterminé par ces encouragements, j'osai envisager mon sujet de plus haut, et je conçus le projet de mon *Histoire politique et littéraire de la presse en France*, dont les huit volumes, parus de 1859 à 1861, font honneur au courage des éditeurs, MM. Poulet-Malassis et de Broise autant qu'à leurs presses. » ( E. Hatin, *Bibliographie de la presse*, préface, p. III. )

HÉRÉ ( J. ).
— Fables et poésies. 1860, in-8, 191 p. ( *Saint-Quentin, imp. Moureau.* )

HIPPEAU ( C. ).
V. le comte Leveneur de Tillières : *Mémoires.*

HOLLENDŒRS.
— Moschek, mœurs polonaises. 1859, in-12, 268 p.

JAYBERT ( M. ), avocat à la Cour de cassation.
— De l'adultère dans les différents âges et chez les différentes nations. 1862, in-32, 120 p. ( *imp. Poupart-Davyl et C$^{ie}$.* )

Publié sans nom d'auteur.

— Trois dizains de contes gaulois. 1862, in-8, 280 p. ( *imp. Poupart-Davyl et C*ⁱᵉ. )

Publié sans nom d'auteur.

Volume tiré à 500 exemplaires pour les seuls souscripteurs et qui devait être orné d'eaux-fortes par Bracquemond. « Ces planches, écrit Barbier ( T. IV, p. 844 ), qui existent encore, n'ont pas servi. »

Elles ont servi, au moins depuis ce temps, car nous avons vu ( librairie Rouquette ), un superbe exemplaire des *Contes Gaulois*, illustré de cinq eaux-fortes de Bracquemond.

Les *Contes Gaulois* ont été réédités en 1882 à la librairie Rouveyre ( in-8, 266 p., avec un frontispice à l'eau-forte de Beaumont. )


JOURDAN ( Prosper ).
— Rosine et Rosette, nouvelle en vers. 1862, in-18, 137 p. ( *Abbeville, imp. Housse.* )

Dédié à George Sand.

« Débuts d'un tout jeune homme qui devait, à quelque temps de là, mourir à vingt-cinq ans. Ame délicate et souffrante, Prosper Jourdan a pu prolonger les derniers jours de sa courte jeunesse sous le ciel bienfaisant d'Alger, la blanche ville, dont il a laissé une description dans ce petit poëme. »

*(Catalogue raisonné des livres d'un homme de lettres bien connu* ( Charles Monselet ), p. 55. )


LABARDE.
— Filles de la Lutèce Moderne — Chardons — Sensitives. 1862, in-18 jésus, 162 p. ( *imp. Jouaust.* )


LACOMBE ( Francis ).
— La France et l'Allemagne sous le premier empire. Napoléon et le baron de Stein. 1859, in-12.

L'édition entière a été mise au pilon, à cause de quelques passages du livre défavorables à Napoléon I<sup>er</sup>.

Poulet-Malassis s'était réservé deux exemplaires sur papier fort.

*La France et l'Allemagne* ont été réimprimées à *Bruxelles*, en 1860, chez *Méline, Caus et C<sup>ie</sup>*.

## LACOUR ( Louis ).

— La Carte à payer d'une dragonnade normande en 1685, récit avec pièces justificatives. 1857, in-12, 32 p.

Jolie plaquette qui, quoique portant l'indication de la librairie de la rue de Buci, serait à joindre à la collection des impressions alençonnaises, aux études d'Asselineau, de Lorédan Larchey, etc., publiées d'abord comme *la Carte à payer* dans le *Journal d'Alençon*.

V. Comte de Lamotte-Valois : *Mémoires*.

— Duc de Lauzun : *Mémoires*.

— Mercier : *Paris pendant la Révolution*.

## LACRETELLE ( Henri de ).

— Contes de la Méridienne. 1859, in-12, 303 p.

— Les Nuits sans étoiles, poésies. 1864, in-18 jésus, 312 p. ( *Abbeville*, *imp. Housse.* )

## LA GRANGE ( la marquise de ).

— La Marquise d'Egmet, ou une année de la vie d'une femme qui s'ennuie. 1862, in-18 jésus, IV-260 p. ( *imp. Poupart-Davyl et C<sup>ie</sup>.* )

## LA GRANGE-CHANCEL.

— Les Philippiques, nouvelle édition revue sur les éditions de Hollande, sur le manuscrit de la bibliothèque de Vesoul, et sur un manuscrit aux armes du régent, précédée de mémoires pour servir à l'histoire de La Grange-Chancel et de son temps, en partie écrits par lui-même, avec des notes historiques et littéraires par M. de Lescure. 1858, in-12, 426 p.

LAMOTTE-VALOIS ( comte de ).

— Mémoires inédits sur sa vie et son époque ( 1754 - 1830 ), publiés d'après le manuscrit autographe, avec un historique préliminaire des pièces justificatives et des notes par Louis Lacour. 1858, in-12, xxxix-398 p.

Une *suite de l'Appendice* ( 6 pages non paginées) a été tirée à 8 exemplaires seulement.

Le manuscrit qui, malgré le titre, n'était pas autographe, a passé dans la bibliothèque de M. de la Sicotière, ainsi qu'une préface autographe et curieuse.

« Cet ouvrage n'a point été rédigé par le comte de Lamotte-Valois mais sur ses notes par quelque folliculaire affamé comme il l'était bien souvent lui-même. » ( M. de la Sicotière, *Bio-bibliographie de Marie-Antoinette*, p. 30.)

LANGLOIS ( Victor ).

— Un chapitre inédit de la question des Lieux saints. 1861, in-8, 48 p. ( *imp. Jouaust.* )

LA SICOTIÈRE ( L. de ).

— Mémoires historiques sur la ville d'Alençon et sur ses seigneurs, par Odolant Desnos, seconde édition publiée d'après les corrections et les additions manuscrites de l'auteur et annotée par M. Léon de la Sicotière, avocat, ancien directeur de la Société des Antiquaires de Normandie, suivie d'une bibliographie alençonnaise, de la recherche de la Généralité d'Alençon et d'autres pièces justificatives. 1858, in-8.

Cette réimpression, tirée à 400 exemplaires devait former six livraisons. Deux seulement (445 pages en tout), composant le premier volume, ont été publiées.

— Notes statistiques sur le département de l'Orne. 1861, in-8, 91 p.

— Notice historique et littéraire sur Dulaure. 1862, in-12, 23 p. (*imp. Poupart-Davyl et C<sup>ie</sup>.*)

Tirage à part de l'introduction des *Mémoires de Dulaure*.


LAUZUN ( duc de ).

— Mémoires, publiés pour la première fois avec les passages supprimés et les noms propres, une étude sur la vie de l'auteur, des notes et une table générale, par Louis Lacour. 1858, un fort volume in-12, LVI-330 p.

Joindre à ces mémoires un curieux prospectus de 4 pages ( non paginées ) rédigé sans doute par Poulet-Malassis.

« On recevra bien cette édition nouvelle. Des passages importants y ont été rétablis; des noms propres ont été restitués à un texte obscurci par des scrupules exagérés, une introduction fort travaillée et des notes étendues ont été jointes à ces piquants mémoires par M. Louis Lacour, un archiviste-paléographe qui ne trouve pas le dix-huitième siècle trop vert pour ses connaissances en diplomatique. » ( *Rev. An.* T. V, p. 304. )

Le succès de cette scandaleuse publication attira à M. Lacour des tribulations immédiates. L'ouvrage fut d'abord saisi, mais la saisie fut abandonnée. M. Lacour publia alors une seconde édition, objet de l'article suivant.


— Mémoires du duc de Lauzun, publiés entièrement conformes au manuscrit avec une étude sur la vie de l'auteur. Seconde édition sans suppressions et augmentée d'une préface et de notes nouvelles par Louis Lacour. 1858, in-12, LXVII-411 p.

« Nous publions aujourd'hui, écrit M. Lacour, notre seconde édition, à laquelle nous avons apporté plusieurs changements, sans parler des dispositions typographiques, prises pour faciliter la lecture. Les irrégularités qui s'étaient glissées dans le premier travail ont disparu en même temps que tous les signes qui indiquaient nos additions à l'ancien texte ; le parallèle une fois établi et les lecteurs sachant où le trouver, il devenait inutile de le perpétuer. »

La préface intitulée : *Tribulations d'un éditeur* est presque entièrement consacrée aux démêlés de Louis Lacour avec le baron Pichon, son propriétaire, qui, aussitôt après la publication des *Mémoires*, l'avait expulsé de son appartement.

Les additions de la seconde édition, préface et notes, provoquèrent des poursuites contre l'éditeur et contre les imprimeurs. Un jugement du tribunal correctionnel de la Seine, confirmé par arrêt de la Cour de Paris, les condamna, pour diffamation, à l'amende et à la prison.

## LECONTE DE LISLE.

— Poésies complètes ( *Poëmes antiques.* — *Poëmes et Poésies*, ouvrages couronnés par l'Académie française. — *Poésies nouvelles* ). 1858, in-12, 337 p.

Avec une eau - forte dessinée et gravée par Louis Duveau.

— Idylles de Théocrite et odes anacréontiques. Traduction nouvelle. 1861, grand in-12, 278 p.
— Poésies barbares. 1862, in-18 jésus, 311 p. ( *imp. Poupart-Davyl et Cie.* )

## LEFILS ( FLORENTIN ).

— Le Crotoy. 1861, in-18 jésus, 191 p. (*Abbeville, imp. Housse.* )

Illustré de sept gravures.

## LEMERCIER DE NEUVILLE ( L. ).

— Les Tourniquets, revue de l'année 1861 en
3 actes et 12 tableaux, avec prologue et épilogue, revue, corrigée et augmentée de plusieurs scènes et de quatre tableaux nouveaux.
1862, in-12, x-107 p. ( *imp. Dubuisson.* )

Avec illustrations de M. Emile Benassit — gravure de
MM. Roch et Jacob.

— Physiologie du coiffeur. 1862, in-8, 179 p.
( *imp. Vallée et C*[ie]*.* )

« M. Lemercier de Neuville vient de publier la Physiologie du coiffeur. L'auteur, en deux cents pages de révélations capillaires, est encore très incomplet, et cependant
il a un peu touché à tout ; mais là, franchement, le devoir
d'un homme de lettres est-il de faire la *Physiologie du
coiffeur* et de mettre le trouble dans une corporation
honnête et tranquille ? » ( *Rev. An.* T. XIV, p. 47. )

## LEROY ( Charles-Georges ), lieutenant des chasses du parc de Versailles.

— Lettres sur les animaux. Quatrième édition,
précédée d'une introduction par le docteur
Robinet, 1862, in-18.

En 1876, Poulet-Malassis donna une nouvelle édition des
*Portraits historiques de Louis XV et de Madame de Pom-
padour* du même auteur. Il écrivit à cette occasion : « La
dernière et la meilleure édition des *Lettres sur les animaux*, de Georges Leroy, est celle de 1862, donnée par le
docteur Robinet ; elle est épuisée et recherchée. Nous
faisons réimprimer les *Portraits* dans le même format,
non pas comme une suite nécessaire à ce beau livre :
suivant le point de vue auquel on se trouvera placé, on
pourra les joindre ou les mettre à côté. »

LESCURE ( M. DE ).

— Eux et elle, histoire d'un scandale, seconde
édition revue et augmentée d'une préface. 1860,
in-12, 140 p.

« *Eux et elle* peut passer pour un bon travail d'anatomie
littéraire. C'est finement senti, impitoyablement analysé,
très sage d'appréciation. Il n'y a rien de trop dans ce
charmant petit volume qui vaut bien à son auteur un
brevet de premier président au parlement de la critique.
On ne saurait résumer plus impartialement des débats
qui ont fait cet hiver les délices des curieux.

« L'occasion nous parait trop belle pour ne pas placer ici
un calembour tout neuf et très juste sur le même sujet.

— Il parait que tout çà, c'est des eux *brouillés*.

« Le mot passe pour être de la cuisinière du docteur
Véron ; elle est comme on sait littéraire à ses heures. »
( *Rev. An.* T. X, p. 148 ).

V. — La Grange-Chancel : *Les Philippiques.*
— Sénac de Meilhan : *Le Gouvernement en
France avant la Révolution.*
— Duchesse d'Angoulême : *Relation de la capti-
vité de la famille royale à la tour du Temple.*

LIDA ( LUIS DE ).
— Encore ! poésies. 1862, in-18 jésus, 128 p.
( *imp. Poupart-Davyl et C*ie. )

LORBAC ( CH. DE ) et ESPION D'HARMENON.
— Théâtre possible. — Monsieur du Terme,
boutade dramatique en un acte et en vers. 1862,
in-18, 54 p. ( *imp. Poupart Davyl.* )

*Le Parachute*, fantaisie dramatique en un acte et en
vers, annoncée sur les catalogues de Poulet-Malassis, n'a
été enregistrée sur aucun des recueils bibliographiques
de l'époque. Cette pièce a-t-elle réellement paru ?

4

LORDEREAU ( René ).
— Plus de femmes, opérette ( musique de Bovery ). 1857, in-12, 24 p.

Théâtre des Folies-Nouvelles. 1re représentation, le 8 novembre 1857.

— Bon Nègre, opérette ( musique de Musard ). 1858, in-12, 24 p.

Théâtre des Folies-Nouvelles. 1re représentation le 26 février 1858.

LY'ONNELL ( Emile Daclin, sous le pseudonyme de ).
— L'art de relever sa robe. 1862, in-16, 97 p. *Grenoble, imp. Allier.* )

MABRU ( G. ).
— Les Papimanes, dédié à Mgr de Poitiers. 1868, in-18 jésus, 564 p. ( *imp. Noblet.* )

MADELÈNE ( Henry de la ).
— Le comte Gaston de Raousset-Boulbon, sa vie et ses aventures ( d'après ses papiers et sa correspondance ), 2e édition. 1859, in-12, 162 p.

C'est une pseudo-seconde édition. Un titre nouveau a été substitué au premier et, négligence singulière, certains exemplaires possèdent les deux titres.

MAILLARD ( Firmin ).
— Histoire anecdotique et critique de la Presse parisienne, 2e et 3o années, 1857 et 1858. 1859, in-12, 251 p.

L'auteur avait publié précédemment l'*Histoire anecdotique et critique des 159 journaux parus en 1856.*

. « Bonne revue d'ensemble qui a sa place marquée dans toute bibliothèque. En se constituant l'historiographe des publications aussi nombreuses qu'éphémères qui font du journalisme parisien l'hydre aux cent têtes de notre histoire littéraire, l'auteur rend à celle-ci un vrai service. » (*Rev. An.* T. VIII. )

## MALHERBE ( JULES ).

— Un monde honnête, nouvelles. 1862, in-18 jésus, 249 p. ( *Abbeville*, *imp. Housse.* )

## MALO ( T. ).

— Histoire et voyages d'un enfant du peuple, précédés d'une introduction par Eugène Nus. 1862, in-16, VII-267 p. ( *Châlon-sur-Saône*, *imp. Dejussieu.* )

« L'auteur est né dans notre miraculeuse période révolutionnaire,* c'est-à-dire que les événements de son enfance sont mêlés à ce qu'il y a de plus grand et de plus dramatique dans l'histoire d'un peuple qui s'organise pour la liberté. Sa jeunesse s'épanouit parmi les scènes épiques de l'empire et son âge mûr assiste en pleine et humoristique observation aux palinodies de la Restauration et de la quasi-légitimité de 1830.

..... Eugène Nus, le dramaturge philosophe, l'auteur charmant et profond des *Dogmes nouveaux*, a écrit pour ce livre trois pages de préface. » (*Rev. An.* T. XIV, p. 192.)

## MARJEVOULS ( EMILE ).

— Agrigente et Girgenti, ou la Sicile ancienne et moderne. 1860, grand in-16, 83 p.

## MARON ( EUGÈNE ).

— Histoire littéraire de la Convention nationale. 1860, in-12, 359 p.

   V. Louvet : *Mémoires.*

— Garat : *Mémoires.*

MARTEAU (AMÉDÉE), sous le pseudonyme de Marcellus.

— Marcellus-Satires. 1860, in-8 composé de livraisons mensuelles de 30 p. environ.

Illustré d'une eau-forte par Bracquemond.

« L'œuvre de M. Marcellus paraît par livraisons séparées ; les deux premières sont consacrées l'une à l'*Esprit des Femmes* et l'autre au *Faux luxe*. Si nos mœurs aujourd'hui tombent en décadence, pour lui c'est aux femmes qu'il faut s'en prendre. En un mot, il médit fort et ferme, et peut-être exagère-t-il un peu leurs crimes et notre faiblesse. Dans sa diatribe contre le luxe, il nous paraît être bien plus dans le vrai ; sa pensée est plus nette, son vers plus sobre ; il y a de l'énergie et de la vigueur dans cette pièce qui mérite d'être lue. » (*Rev. An.* T. X, p. 47.)

MARTIN (N.), chargé d'une mission spéciale en Allemagne.

— Poètes contemporains en Allemagne. Nouvelle série. 1861, in-12, 351 p.

« Beaucoup de choses neuves et de renseignements précieux. L'auteur a voyagé tout exprès pour son livre, et il a su le faire avec fruit. Nous approuvons fort la multiplicité de ses extraits, qui sont en général bien choisis, mais nous demanderons à M. Martin pourquoi il a donné une si grande place aux *Niebelungen* dans un livre intitulé *Poètes contemporains ?* » (*Rev. An.* T. X, p. 240.)

— Maryska, légende Madgyare. 1862, in-32, 127 p. (*Abbeville, imp. Housse.*)

MICHIELS (ALFRED).

— Les Anabaptistes des Vosges. 1860, in-12, 341 p.

MONSELET ( CHARLES ).

—Les oubliés et les dédaignés, figures littéraires de la fin du XVIII<sup>e</sup> siècle. 1857, 2 vol. in-12, 297, 321 p.

Les premiers exemplaires, apportés d'Alençon, portent sur la couverture comme indication de lieu : *Paris, rue de Buci*, et sur le titre : *Alençon, Poulet-Malassis et de Broise, imprimeurs éditeurs.* Ces deux volumes, en 1861, ont été réunis en un seul avec un titre nouveau.

— La Lorgnette littéraire, dictionnaire des grands et des petits auteurs de mon temps. 1857, in-18, XVIII-240 p.

Un complément in-18 ( III-26 p. ) publié en 1878 chez René Pincebourbe doit se joindre à cet ouvrage. Nous en extrayons la note suivante :

« Les notices critiques qui font de la *Lorgnette littéraire* un livre à mettre à côté de l'*Almanach* de Rivarol, ont paru primitivement dans *la Gazette de Paris*, journal fondé en 1856 par M. Dollingen, en concurrence au *Figaro.* »

Après avoir raconté que son manuscrit fut jugé trop audacieux par la *Librairie nouvelle*, l'auteur de la *Lorgnette littéraire* ajoute :

« M. Monselet offrit alors son livre-épouvantail à un éditeur, son ancien ami, M. Poulet-Malassis, homme qui se distinguait essentiellement de Panurge par un goût immodéré du risque.

« Ces Messieurs convinrent d'un tirage à 3,200 exemplaires ; sur leur traité, l'ouvrage portait le titre de *la Fosse commune, dictionnaire des grands et des petits auteurs de mon temps* (1), — titre proposé par l'éditeur, en attendant mieux.

« Le travail demandait des remaniements, dont

(1) *La Lorgnette littéraire* est en effet annoncée sur la couverture de plusieurs publications antérieures de la librairie Poulet-Malassis sous le titre de *Fosse commune.*

M. Monselet s'occupa avec sa conscience ordinaire.
M. Malassis trouvait qu'en général, il allait trop loin
dans l'atténuation. M. Monselet répondait : « Peut-être
avez-vous raison en ce qui concerne mes suppressions
et mes changements. Mon inquiétude dépasse quelque-
fois le but. Je suis préoccupé par des questions de
justice.

« .... La question du titre fut débattue dans une
longue correspondance. L'éditeur maintenait maligne-
ment celui nauséabond de *Fosse commune*, par contra-
diction au goût prononcé de M. Monselet pour les images
riantes et à son horreur des idées macabres. — Enfin
on s'accorda sur celui de *Lorgnette littéraire*.

« Le premier tirage eut un écoulement régulier de
1857 à 1860 avec un titre de relai portant *seconde édition*.
Il fut question, en 1860, d'une vraie nouvelle édition sous
le titre de *la Lorgnette littéraire de 1860*. » Cette édition
ne fut pas publiée.

— Les Tréteaux de Charles Monselet, farces et
  dialogues, avec un frontispice, dessiné et gravé
  par Bracquemond. 1859, in-12, 270 p.

L'exemplaire de Poulet-Malassis contenait un passage
de *la Semaine d'un jeune homme pauvre*, supprimé à sa
demande comme trop élogieux pour lui.

MONTÉGUT ( Emile ).
— Du Génie français. 1857, in-12, ii-92 p.

Etude qui avait paru quelques mois auparavant dans la
*Revue des Deux-Mondes*.

— Essais sur l'époque actuelle. Libres opinions
  morales et historiques. 1858, in-12, viii-271 p.

MORLON ( G. de ), pseudonyme du marquis de
  Cherville).
— Le dernier crime de Jean Hiroux. 1862, in-18
jésus, 138 p.

« Le marquis de Cherville publie en ce moment, au journal le *Temps*, l'*Histoire d'un chien de chasse*.

« L'*Histoire d'un chien de chasse* est le premier livre que le marquis de Cherville signe de son nom ; mais, depuis dix ans, il aurait pu signer les romans de M. Alexandre Dumas à autant et à même plus de titres qu'autrefois, M. Auguste Maquet.

« M. de Cherville a été aussi pour moitié dans le dernier livre de M. Noriac, publié avec le même succès au *Figaro*, sous le titre de *la Mort de la Mort.* et chez Dentu, sous celui de *la Dame à la plume noire.* » (*Rev. An.* T. XIV, p. 21.)

## MULÉ ( ANTONIN ).

— Histoire de ma mort. 1862, in-12, 173 p. ( *imp. Jouaust.* )

## NOEL ( EUGÈNE ).

— Le Rabelais de poche, avec un dictionnaire pantagruélique, tiré des œuvres de F. Rabelais. 1861, in-12, 248 p.

Avec une eau-forte de Carolus Duran et des filets encadrant les pages.

## PERREAU ( ADOLPHE ).

— Alfred de Musset, l'Homme, le Poète. 1862, in-18 jésus, 63 p. (*imp. Poupart-Davyl et C*ie.)

## PEY ( ALEXANDRE ).

— Belle de jour et Belle de nuit, roman imité de l'allemand. 1868, in-18 jésus, 318 p. ( *imp. Jouaust.* )

## PHILIS ( ADALBERT ).

— Confessions d'un protonotaire apostolique suivies de l'histoire d'une annexion pontificale. Extraits du mémoire de Monsignor F. Liverani, avec une introduction par Adalbert Philis, avocat à la Cour de Paris. 1861, in-12, de 107 p.

« Document authentique et très curieux au point de vue révélateur. Le seul reproche qu'on puisse adresser à la traduction de M. Philis, c'est d'avoir haché un peu menu le texte de Monsignor Liverani ; mais le livre n'en sera pas moins avidement cherché par tous les lecteurs de la *Question romaine*. » *( Rev. An.* T. XII, p. 96. )

## PIRON.

— Œuvres inédites ( prose et vers ), accompagnées de lettres également inédites, adressées à Piron par M<sup>elles</sup> Quinault et de Bar, etc., avec une introduction et des notes par Honoré Bonhomme. 1859, in-8, xxi-416 p.

Edition ornée de trois fac-similés.
Deux cartons ( pp. xiii-xiv et 87-88 ) ont été tirés à 2 exemplaires sur chine. La même année paraît une édition in-12 ( 345 p. ).

## POISSON ( Frédéric ).

— Poésies. 1862, grand in-18, 108 p. ( *Abbeville, imp. Housse.* )

## PONSARD ( René ).

— Les Echos du bord. 1862, in-18 jésus, 20 p. ( *Abbeville, imp. Housse.* )

## RAMBAUD ( Louis ).

— Amara, poésies. 1862, in-18, 230 p. ( *Abbeville, imp. Housse.* )

## RAPETTI, ancien professeur suppléant au Collège de France.

— Antoine Lemaistre et son nouvel historien.
1857, in-12, 59 p.

Le nouvel historien d'Antoine Lemaistre est M. Oscar
de Vallée. ( *Antoine Lemaistre. Etude sur l'éloquence judi-
ciaire au XVIII<sup>e</sup> siècle.* )

— Quelques notes sur les origines des Bonaparte.
Nouvelle édition. 1858, in-12, 51 p.

Travail publié dans le *Moniteur* ( 17 mai 1858. )

— La Défection de Marmont en 1814, ouvrage
suivi d'un grand nombre de documents inédits
ou peu connus, d'un précis des jugements de
Napoléon I<sup>er</sup> sur le maréchal Marmont, d'une
notice bibliographique avec extraits de tous les
ouvrages publiés sur le même sujet. 1858, un
fort volume in-8, XXXII-475 p.

RÉGNIER (Math.).
— Œuvres, augmentées de trente-deux pièces
inédites avec des notes et une introduction,
par Edouard de Barthélemy. 1862, in-18 jésus,
XLIII-412 p. ( *imp, Jouaust.* )

Les trente-deux morceaux inédits sont tirés d'un manuscrit de la seconde moitié du XVII<sup>e</sup> siècle, conservé à
la Bibliothèque impériale, n° 12491, fonds français.
M. Pierre Jannet ( *Œuvres complètes de Régnier,* 1867,
préface, p. XXI) prétend que deux seulement de ces pièces
inédites doivent être attribués à Régnier.

RICARD ( Louis-Xavier de ).
— Les Chants de l'Aube, dédiés aux jeunes filles.
1862, in-18 jésus, 422 p. ( *imp. Jouaust.* )

RISTELHUBER ( Paul ).
— Intermezzo, poème de Henri Heine, traduit
en vers français. 1858, in-18, 92 p.

— Faust, tragédie en cinq actes, adaptée à la scène française pour la première fois. 1861, in-18 jésus, XVI-128 p.

« Nous avions une quinzaine de Faust plus ou moins sérieux. Celui de M. Ristelhuber est le seul qui procède directement de Gœthe ; — il a respecté l'œuvre sans reculer devant aucune des exigences d'une traduction poétique, et des délicatesses de la mise en scène. Une pareille œuvre ne pouvait se faire que dans le pays de l'auteur, à Strasbourg, où l'on est assez Allemand pour bien comprendre le génie de nos voisins, et assez Français pour savoir nous en réfléter l'image. » (*Rev. An.* T. XII, p. 191.)

## ROBINET (docteur).

V. Leroy (Georges): *Lettres sur les animaux.*

## SAINT-ALBIN ( A.-R.-C. DE ).

— Championnet, général des armées de la République française. Seconde édition, augmentée de nombreuses pièces justificatives, entre autres de lettres et rapports de Championnet, Macdonald, Kellerman et Duhesme sur les campagnes de Rome et de Naples. 1861, in-12, 280 p.

« L'auteur de ce livre a été secrétaire général du ministère de la guerre sous Bernadotte. C'est à son fils que nous devons la publication de son livre, que l'on pourrait intituler les Mémoires de Championnet. On y trouve le récit détaillé des campagnes de Hollande, de Rome et de Naples. Les détails abondent, et l'auteur a relaté une foule de faits intéressants. » ( *Rev. An.* T. XI, p. 48.)

## SAINT-ALBIN ( HORTENSIUS DE ).

— Tablettes d'un rimeur. 1862, in-12, 288 p.

« Les essais de M. de Saint-Albin, les *Tablettes d'un rimeur*, comme il les appelle, feront leur chemin dans le monde, car ils vont tout droit où l'auteur les adresse, c'est-à-dire vers les amis de la paisible et spirituelle gaîté, de celle qui s'épanouit sans contrainte au foyer de la famille et de l'amitié. » (*Rev. An.* T. XIV, p. 192.)

## SAINTE-BEUVE.
— Poésies de Sainte-Beuve. — Première partie — Joseph Delorme. Nouvelle édition très augmentée. 1861, in-8, 396 p.

Le verso de la couverture annonce comme *en préparation : Poésies de Sainte-Beuve. — Deuxième partie. — Les Consolations. — Les Pensées d'août, Poésies de la vie intérieure.* Cette seconde partie n'a jamais paru.

« Voici la plus belle édition qu'ait eue le héros poétique de 1829. M. Sainte-Beuve a eu deux manières fort distinctes, dont *Joseph Delorme* et *les Consolations* sont les deux plus anciens et plus brillants produits. Matérialiste dans la première œuvre, mystique dans la seconde, il se maintint assez longtemps entre ces deux tendances opposées. On peut croire cependant que le matérialisme a eu son dernier mot ; le critique du *Moniteur*, devenu si enthousiaste de MM. Flaubert et Feydeau, rappelle évidemment Joseph Delorme, le positif, l'ardent et le sensuel. Nous comprenons donc le soin avec lequel cette nouvelle édition a été augmentée par son auteur. Elle contient en effet le type le plus vrai créé par l'illustre académicien parce qu'il est la plus réelle personnification de l'auteur de *Volupté* et des *Causeries du Lundi*. Cela dit, nous devons ajouter : 1° que ce volume est rempli d'annotations aussi curieuses qu'inattendues, où M. Sainte-Beuve accuse une grande préoccupation de la critique ; 2° que les pièces nouvelles de cette édition sont les plus ardentes et les plus amoureuses, ce qui prouve que ni l'âge, ni le *Moniteur*, ni l'Académie, n'ont pu modifier la fougue de Joseph Delorme. » ( *Rev. An.* T. XII, p. 166. )

## SCHŒNHALS ( le général ), aide de camp de Radetsky.
— Campagnes d'Italie de 1848 et 1849, ouvrage traduit sur la 7e édition allemande par Théophile

Gautier fils, avec une préface et une carte.
1859, in-12, xii-428 p.

SCHOLL ( Aurélien ).
— La Foire aux Artistes, petites comédies parisiennes. 1858, in-16, 250 p.
— Dito, seconde édition, 1859, in-16 224 p.

SMYERS ( L. ).
— Essai sur l'état actuel de l'industrie ardoisière en France et en Angleterre. 1859, in-16, 258 p.

STUPUY ( Hippolyte ).
— L'Anarchie morale, atellanes. 1861, in-8, 232 p.
( *imp. S. Raçon, L. Martinet, Ch. Jouaust.* )

Publié en douze livraisons, — chacune est composée d'une atellane, — avec pagination continue. Les cinq premières seules ( *Un Lettré des Antipodes* — *L'Accord provisoire* — *L'Amour libre* — *Les Fortunes inutiles* — *L'Esthétique aux abois)* ont paru chez Malassis. Les suivantes ont été publiées chez A. Lacroix, Verbœckhoven et Cie.

SWIFT.
— Opuscules humoristiques, traduits pour la première fois par L. de Wailly. 1859, in-12, xxiv-287 p.

« Nous ne savons si les *Opuscules humoristiques* de Swift ont réellement servi de modèle à Voltaire, mais c'est à coup sûr un recueil de petits traités fort amusants sur les travers et les ridicules d'une époque. Nous citerons au premier rang les *Instructions aux domestiques* et la *Lettre d'avis* à un jeune poète. On y retrouve et la grosse joie et la fine ironie des vieux humoristes anglais. Le traducteur a rendu là un véritable service aux lettres). ( *Rev. An.* T. X, p. 66.)

VATEL ( CHARLES ).
— Dossiers du procès de Charlotte Corday,
devant le tribunal révolutionnaire. 1881, in-8º,
xx, iv et 108 p.

Avec portrait et fac-similé.

VIGNON ( EUGÈNE ).
— Le Pays bleu, avec une préface de Joseph
Boulmier. 1862, in-32, xiii-173 p. ( *imp. Lainé
et Havard.* )

VITU ( AUGUSTE ).
— Ombres et vieux murs. 1860, in-12, 305 p.

« Il est plus que jamais à la mode de faire des volumes
avec d'anciens articles parus à divers temps et en divers
lieux ; vraies mosaïques littéraires dont la confection
laisse souvent à désirer. Cette fâcheuse généralité ne peut,
nous le confessons, s'appliquer au livre de M. Vitu..........
L'auteur a su apprendre et il sait raconter. » ( *Rev. An.*
T. X, p. 24.)

VRIGNAULT ( PAUL ).
— Landes fleuries, poésies ( 1852-1857 ). 1858,
in-18, 400 p.

WAILLY ( L. DE ).
V. Swift : *Opuscules humoristiques.*

WALDOR ( Mᵐᵉ MÉLANIE ).
— Jeannette. 1861, in-18 jésus, 301 p. ( *imp.
Jouaust.* )

WEIL ( ALEXANDRE ).
— Couronne, histoire juive. 1857, in-12, 225 p.

Au dos de la couverture sont annoncés des *Contes
d'amour*, qui n'ont jamais paru.

— Emeraude. 1859, in-18, 330 p.

— Histoire de la grande guerre des paysans. 1860, in-12, 340 p.

— Emeraude, seconde édition revue. 1861, in-18, 334 p.

# COLLECTIONS DIVERSES

# COLLECTIONS DIVERSES

*( Librairie Poulet - Malassis. 1862 )*

---

## MÉMOIRES SUR L'HISTOIRE DE FRANCE

### DEPUIS LE XVI° SIÈCLE JUSQU'EN 1789.

MÉMOIRES inédits du comte Leveneur de Tillières, ambassadeur en Angleterre sur la cour de Charles I<sup>er</sup> et son mariage avec Henriette de France, recueillis, mis en ordre et précédés d'une introduction par M. C. Hippeau, professeur à la Faculté des Lettres de Caen. 1862, in-18, XLII-263 p. ( *imp. Poupart-Davyl et C<sup>ie</sup>.* )

Seul volume de la collection publié. On lit sur la couverture : *En préparation : Journal inédit de Mathieu Marais, avocat au parlement de Paris (1715-1735), avec une introduction et des notes par M. de Lescure. — Les deux premiers volumes de cet important ouvrage, qui en complera cinq, paraîtront fin septembre prochain ;* cet ouvrage n'a pas été publié chez Poulet-Malassis.

---

# MÉMOIRES ET DOCUMENTS
## SUR LA RÉVOLUTION FRANÇAISE

*( Collection in-18 à 3 fr 50 c. le vol. — 1 vol. par mois*
*à partir de janvier 1862 )*

**MÉMOIRES DE LOUVET**, avec une introduction par E. Maron — Mémoires de Dulaure, avec une introduction par L. de la Sicotière. 1862, in-18, xxxv-452 p. (*imp. Poupart-Davyl et C*ie*.*)

**MÉMOIRES** de Garat, avec une préface par E. Maron. 1862, in-18, xLVI-378 p. (*imp. Jouaust.*)

« Garat ! un nom qui éveille des idées confuses et fausses de grande cravate, de romances et de billets de banque. La masse des lecteurs gagnera donc à savoir qu'il y a eu un Garat sérieux, académique, homme politique et sagace historien. » (*Rev. An.* T. XII, p. 264.)

**PARIS PENDANT LA RÉVOLUTION** (1789-1798) ou le nouveau Paris, par Séb. Mercier. Nouvelle édition, annotée et précédée d'une introduction. 1862, 2 vol. in-18, xIII-434, 476 p. (*imp. Poupart-Davyl et C*ie*.* )

L'éditeur littéraire est M. Louis Lacour.
« Il est dangereux d'apprécier une œuvre capitale sous l'empire d'un préjugé ou dans l'aveuglement que produit trop souvent l'esprit de parti. Combien d'honnêtes gens se sont peut-être volontairement privés du plaisir de lire *le Nouveau Paris* de Séb. Mercier, rien que pour avoir vu par hasard la note impitoyable dans sa concision dont un critique autorisé, le savant Quérard, a flétri ce chef-d'œuvre.

« En effet l'auteur de la *France littéraire* imprime : « *Le* « *Nouveau Paris* est une production d'un cynisme révol- « tant, écrite d'un style trivial. »

« M. Poulet-Malassis a eu l'heureuse inspiration de réimprimer ce livre aussi curieux qu'il était devenu rare, et, en le lisant, on s'étonne de l'incroyable aberration qui a dicté l'apostille injurieuse du célèbre officier de l'état civil des livres français.

« *Le Nouveau Paris*, œuvre d'un honnête homme, est le miroir fidèle où se reflète jusque dans ses plus infimes détails, la société issue de la Révolution.

« Il nous montre, dans un tableau saisissant, la physionomie intime, la vie en détail d'une époque dont tous les grands esprits de la nôtre cherchent à pénétrer le caractère historique. Cette réimpression est un véritable service rendu aux lettres aussi bien qu'à l'histoire. » ( *Rev. An.* T. XIV, p. 262. )

LE GOUVERNEMENT, les mœurs et les conditions en France avant la Révolution. — Portraits de personnages distingués de la fin du XVIIIe siècle, par Sénac de Meilhan, avec une introduction et des notes par M. de Lescure. 1862, in-18, 507 p. ( *Abbeville, imp. Housse.* )

Le catalogue de mai 1862 indique comme étant *en préparation :* Grégoire, 3 vol. — Saint-Just, 1 vol., etc.

Ces volumes n'ont jamais paru et la publication des *Mémoires sur la Révolution* a été interrompue après celle des œuvres politiques de Sénac de Meilhan.

BIBLIOTHÈQUE SINGULIÈRE

*(Collection format in-12 à 1 fr. et 2 fr. le vol. 2 vol.*
*par mois, à partir de janvier 1862. )*

LA MORT DE CÉSAR, de Nicolas de Damas, traduction de M. Alfred Didot, 1862, in-18, IV-117 p. ( *imp. Poupart-Davyl et Cie.* )

« *Historique complet des événements qui précédèrent et qui suivirent la mort de César. On assiste à ce grand drame que nul écrivain n'a raconté d'une manière plus circonstanciée. La découverte du manuscrit original ne remonte qu'à un petit nombre d'années et ce récit est fort peu connu.* » ( *Petite Revue*, T. V, p. 8. )

RELATION de la captivité de la famille royale à la tour du Temple par la duchesse d'Angoulême, publiée pour la première fois dans son intégrité et sur un manuscrit authentique. 1862, in-18, 126 p. ( *imp. Poupart-Davyl et Cⁱᵉ.* )

« M. de Lescure est l'éditeur de ce livre, où le premier il fait connaître les véritables sentiments religieux de Marie-Antoinette. Une royale infortune racontée par une main royale donne à ces quelques pages un intérêt des plus vifs. » ( *Petite Revue*, T. V, p. 8.)

RÉCIT historique des événements qui se sont passés dans l'administration de l'Opéra, la nuit du 12 février 1820 ( assassinat du duc de Berry, par Roullet. 1862, in-12, 93 p. ( *imp. Poupart-Davyl et Cⁱᵉ.* )

« Un homme illettré et sans tact a raconté très minutieusement, de bonne foi, dans cette brochure, l'un des drames les plus émouvants de la Restauration. Il n'est pas une phrase qui ne prête à rire par le style trivial de l'auteur et ses idées saugrenues. Toutefois il faut reconnaître qu'on trouve dans ce petit livre des renseignements de toute authenticité qui le rendent digne de figurer dans les collections historiques. » ( *Petite Revue*, T. V, p. 8.)

Les initiales H. H. qu'on trouve au bas de la préface sont celles du pseudonyme favori de Pierre Jannet, Herman Hœnsel.

Le titre seul est imprimé chez Poupart-Davyl. Le reste du volume l'est chez *Bry ainé, Boulevart Montparnasse*.

Sur le dos de la couverture du dernier volume de la collection, l'on voit indiquer comme en préparation : *Histoire de la comtesse des Barres*, par l'abbé de Choisy ; *le Camp et la Cour d'Attila*, d'après Priscus, Jornandès et autres historiens ; *la Vérité sur la mort d'Alexandre-le-Grand* par E. Littré ; *le Sac de Rome*, par Jacques Bonaparte ; *la Prophétie de Cazotte*, par La Harpe ; *le Banquet de Trimalcion*, de Pétrone, traduit par Charles Baudelaire ; *la Veille de la bataille d'Iéna*, par le chevalier de Gentz ; *Traité de l'amour de Dieu*, par saint Bernard, traduit en français par le R. P. Antoine de Saint-Gabriel ; *Une Maîtresse de Louis XV. Madame de Châteauroux*, fragment des mémoires perdus de M^me la duchesse de Brancas.

Ces volumes n'ont jamais paru.

COLLECTION ACH. GENTY

# COLLECTION Ach. GENTY

## (1861-1862)

---

RIMES INÉDITES en patois percheron recueillies et publiées par Ach. Genty, avec traduction française, introduction et notes. 1861, in-16 carré, 65 p.

CHANSONS SUR LA RÉGENCE. — Trois chansons attribuées au régent, avec une introduction sur le rôle social de la régence et du règne de Louis XV. 1861, in-16 carré, 93 p.

LA FONTAINE DES AMOVREVX DE SCIENCE, composée par Iehan de La Fontaine, de Valenciennes en la comté de Hénault. Poème hermétique du XVe siècle, avec une introduction et des notes par Ach. Genty. 1861, in-16 carré, 100 p.

LES ŒVVRES POETIQUES FRANÇOISES de Nicolas Ellain, Parisien (1561-1570), publiées avec une introduction par Ach. Genty. 1861, in-16 carré, 93 p.

L'ART POETIQVE DE IEAN VAVQVELIN, sievr
de la Fresnaye ( 1536-1607 ), publié avec une
introduction par Ach. Genty. 1862, in-16 carré,
XXIII-149 p.

Le portrait photographié de Vauquelin de la Fresnaye
était vendu séparément 1 fr. 25 c.

Il faut pour compléter cette collection, continuée chez
Aubry mais imprimée jusqu'à la fin chez de Broise, à
Alençon, les trois volumes suivants :

*Pour la Monarchie contre la Diuision*, par Vauquelin de
la Fresnaye ; *Œuvres poétiques en patois percheron de
Pierre Genty ( 1770-1821 ) ; Catalogue des livres rares de
M. Ach. Genty.*

Plusieurs autres volumes annoncés n'ont jamais paru.

# BROCHURES

# BROCHURES

A L'EMPEREUR. — Les cahiers populaires. 1861, in-18, 34 p. (*imp. Poupart-Davyl et C*ⁱᵉ,)

Fait partie d'une série de *Brochures ouvrières*.

A MONSIEUR JUNIUS, l'excellent jeune homme du 30 novembre. 1861, in-24, 12 p. (*imp. Poupart-Davyl et C*ⁱᵉ.)

BARGHON FORT-RYON ( M. DE ).
— Du rétablissement de l'ordre de Malte. 1859, in-8, 28 p.

BAUDARD ( MARIUS ).
— Italianes. 1861, in-8, 22 p.

CADOL ( EDOUARD ).
— Lettre à M. le marquis de Carabas sur les partis. 1862, in-8, 30 p. (*imp. Poupart-Davyl et C*ⁱᵉ. )

CALEMAND DE LAFAYETTE (L.).
— Lettre à M. Coin, syndic des agents de change. 1862, in-8, 16 p. (*imp. Rochette.* )

CRÉMAZY, avocat.
— L'Ile de la Réunion et Madagascar. 1862, in-8.


CRESTODARO (A.), de Gênes.
— Du pouvoir temporel et de la souveraineté pontificale. — Texte revu par M. Lucien de Rosny-Fouqueville. 1861, in-8, 168 p. (*imp. Schiller.*)


DUMAS (Sevérien), substitut du procureur impérial.
— Conclusions dans l'affaire du prince Woronzoff. 1862, in-18, 82 p. (*imp. Poupart-Davyl et Cⁱᵉ.*)
— Empereur (l') Napoléon et le roi Guillaume, 1862, in-8.


FILIAS (A.).
— L'Espagne et le Maroc en 1860. 1860, in-8, xɪɪ-170 p.
— Garanties données par le roi d'Italie pour l'indépendance du Saint-Siège. 1861, in-8, 31 p. (*imp. Jouaust.*)


GATUMEAU (Emmanuel).
— Solution pratique du crédit agricole et commercial. 1862, in-8, 32 p. (*Abbeville, imp. Housse.*)
— Grèce (la), et le roi Othon devant l'Europe. 1862, in-8, 32 p. (*imp. Poupart-Davyl et Cⁱᵉ.*)


HARDY (Amédée).
— Lettres de Jacques Bonhomme. — Première lettre. Aux affamés politiques. 1862, in-8, 34 p. (*imp. Poupart-Davyl et Cⁱᵉ,*)

JANNET ( P. ).
— La Banque de France, le crédit et la monnaie.
1862, in-8, 16 p. ( *imp. Bry aîné.* )

LA GARDE ( Marie-Henry de ).
— Considérations sur la liberté d'enseignement,
suivies d'une lettre de M. Edmond About. 1860,
in-8, 52 p. ( *Dijon, imp. Jobard.* )

LECHEVALIER-SAINT-ANDRÉ ( Jules ).
— La Question économique au Corps législatif.
1862, in-8, 32 p. ( *imp. Dubuisson et Cie.* )
— Manuel électoral, guide pratique pour les
électeurs par MM. J. J. Clamageran, A. Dréo,
Emile Durier, Jules Ferry, Charles Floquet,
Ernest Hamel, avocats à la Cour impériale de
Paris, et F. Hérold, avocat au Conse l d'État.
1861, in-18 jésus, 72 p.

MATHIEU ( Mre ).
— Le prince Woronzoff contre le prince Pierre
Dolgorouky et le Courrier du Dimanche. 1862,
in-18, 117 p. ( *imp. Poupart-Davyl et Cie.* )

NAQUET ( Gustave ).
— Le Parti rouge, le blanc et le noir en France
et en Italie. 1862, in-8, 16 p. ( *imp. Kugelmann.* )

OLLIVIER ( Émile ), député de la Seine.
— Discours sur la liberté de la presse, l'équilibre
du budget, la révolution. 1861. in-8, 31 p.
( *imp. Jouaust.* )
— Organisation ( l' ) des travailleurs par les cor-

porations nouvelles. 1861,. in-18, 36 p. (*imp. Poupart-Davyl et C*ⁱᵉ*.*)

Fait partie de la série des *Brochures ouvrières.*

PICARD (ERNEST), député de la Seine.
— Discours prononcés sur la politique intérieure, sur la conversion de la rente, sur l'administration de la ville de Paris. 1862, in-8, 60 p. (*imp. Poupart-Davyl et C*ⁱᵉ*.*)
— Question de droit à propos de l'arrêt rendu par la Cour de Douai dans l'affaire Mirès. 1862, in-8, 31 p. (*imp. Poupart-Davyl et C*ⁱᵉ*.*)
— Question (la) romaine au Corps législatif. — Discours de MM. Jules Favre, Jérôme David, Keller, Émile Ollivier, etc. 1862, in-8, 93 p. (*imp. Poupart-Davyl et C*ⁱᵉ*.*)

TA'NSKY (JOSEPH).
— La Pologne devant l'Europe. 1862, in-8, 180 p. (*imp. Poupart-Davyl et C*ⁱᵉ*.*)

TROUBETZKOY (le prince ALEXANDRE).
— La Pologne n'est pas morte. 1862, in-8, v-168 p. (*imp. Poupart-Davyl et C*ⁱᵉ*.*)

Mamers. — Typ. G. Fleury et A. Dangin. — 1885.

www.ingramcontent.com/pod-product-compliance
Lightning Source LLC
Chambersburg PA
CBHW070912280326
41934CB00008B/1686